LA GUERRE RUSSO-JAPONAISE

TOME TROISIÈME

ERRATA.

Page		
IX	« zemleoukos »	*lire* « zemliankas ».
XI	Lin-Minting	» Sin-min-ting.
29	« Malundian-Tchantakouan	» Malandian-Tchantanhonan.
83	Koog	» Kooy.
96	93 batteries	» 13 batteries.
187	Lanson	» Sansou.

LA GUERRE RUSSO-JAPONAISE

Résumé historique et chronologique des Événements

PAR

L. THIRIAUX

TOME III

De novembre 1904 à la fin de la guerre

NAMUR
Librairie de Ad. Wesmael-Charlier, Éditeur
RUE DE FER, 53

1907

INTRODUCTION

—

APERÇU GÉNÉRAL SUR CETTE PÉRIODE

Mobilisation et Transports

Comme nous l'avons vu dans le tome II, à la fin de la bataille du Cha-ho, tout restait en suspens et l'on pouvait se demander de quel côté pencherait définitivement la balance.

Trois données dominaient ce problème :

1° Le débit comparé du Transsibérien et des transports japonais ;

2° L'hiver mandchourien ;

3° La durée de la résistance de Port-Arthur.

Sur le premier point, les Russes eurent de cruelles désillusions ; jamais, sauf peut-être tout au début de la guerre, le chemin de fer ne donna si peu. — Ce fut au point qu'au début de mars, le IVe corps, la 4e brigade de chasseurs et la division du Caucase n'avaient pas rejoint.

En quatre mois, de novembre à mars, il ne débarqua donc en Mandchourie que 125.000 hommes des VIIIe et XVIe corps, quatre brigades de chasseurs et quatorze batteries isolées, auxquels il y a lieu d'ajouter 33.000 hommes pour combler les pertes du Cha-ho.

Le débit restait donc immobilisé vers 1.400 hommes.

Aussi, quand on attribua dans la presse l'ajournement de nouvelles mobilisations aux troubles qui, dans le cours de l'hiver, ensanglantèrent plusieurs villes de Russie, l'on cherchait trop loin ; il y avait une raison meilleure : c'est que les troupes mobilisées le 16 octobre attendaient encore leur tour de départ. Même après elles, il restait un excédent tel qu'outre le fort dépôt formé réglementairement à la suite de tout régiment mis sur pied de guerre, on avait dû créer, à l'aide de l'excédent des réservistes, un nombre important de bataillons supplémentaires qu'on mit pour ordre à la suite de régiments non mobilisés. Il y eut ainsi 140 bataillons de dépôt pour 68 régiments d'infanterie et 20 demi-régiments de chasseurs d'Europe mobilisés.

Au contraire, le commandement de mer, cette fois incontesté, permettait aux Japonais de donner à leurs transports leur développement maximum, tandis que le décret du 29 septembre commençait à produire son effet en mettant aux mains du gouvernement nippon les éléments de six divisions nouvelles.

Au printemps, rejoignant l'armée, ces troupes allaient en porter le total à 33 divisions (13 actives, 1 de Formose, 13 « mixtes » et 6 de la nouvelle territoriale).

Cela c'était l'avenir. Mais pour le présent, on déversa

durant tout novembre et décembre le trop-plein des dépôts au Japon, qui regorgeaient, comme nous le savons, de réserves de recrutement, dans des cadres de bataillons de « renfort » ou de « dépôt avancé » organisés en Mandchourie même à raison d'un par régiment tant actif que mixte. C'était une augmentation de 33 % en effectifs, non de première ligne, il est vrai, mais qui permettraient de décharger les divisions de campagne de tout service d'occupation ou d'étapes. En outre, l'armée japonaise pourrait désormais combler ses vides presqu'instantanément et même, comme cela se vit bientôt, en pleine bataille.

***

On comptait beaucoup sur cet élément dans certains milieux. On avait grand tort. En effet, sans avoir les écarts énormes et brusques de température qui sont l'apanage de la Russie, le Japon est fort loin d'être un pays chaud; son hiver est fort rude au contraire. L'hiver

Mais ce qu'il faut surtout considérer, c'est que le Japonais ignore l'ABC de l'art du chauffage; le connût-il d'ailleurs que ses maisons de bois et ses cloisons de papier empêcheraient encore un chauffage rationnel; il emploie donc des braseros souvent artistiques, mais donnant plutôt l'illusion de la chaleur qu'autre chose et... il attend patiemment le printemps. — D'où sa résistance au froid.

Le Russe, au contraire, se chauffe avec raffinement ; la plus pauvre izba possède des doubles cloisons, et d'excellents poêles sur lesquels on couche même.

Il « aime le froid, » dit-on. — Oui, quand au retour d'une chasse, d'une coupe dans la forêt, il trouve une izba chauffée à blanc pour s'y refaire et dormir; mais pas plus qu'un autre il ne peut supporter les longues attentes l'arme au pied, les nuits passées à la belle étoile que supposerait une bataille dans ce pays, par *25 ou 30 degrés de froid*. Car c'est bien la *moyenne* de décembre et janvier en Mandchourie; mais on a vu le thermomètre y tomber à 40 degrés.

C'est pourquoi l'on ne songea même pas, du côté russe à des opérations de grande envergure au cœur de l'hiver. L'offensive devait donc avoir lieu en novembre au plus tard; sinon, pas avant février.

Quant aux Japonais, outre ce motif d'expectative, ils attendaient maintenant avec calme la chute de Port-Arthur.

La « retraite de Russie » dont on gratifiait bénévolement les Japonais ne put donc avoir lieu; la question ne se posa même pas. Ils durent souffrir de l'hiver, certainement; mais, avec leur faculté d'adaptation ordinaire, ils avaient imité les Chinois du pays et construit des « kangs » (lits de chauffage) dans des baraques enterrées. Ces dispositions et la facilité de recrutement que leur donnaient leurs dépôts avancés semblent leur avoir permis d'avoir toujours au complet leurs corps de première ligne.

Les Russes, grâce à leurs « zemléoukos » ou baraques enterrées et à l'absence de toute grande bataille, ne changèrent rien à leur manière de passer l'hiver en Russie. Ils durent donc subir moins de pertes que les Japonais, mais elles étaient moins facilement réparables.

Les cadres notamment furent assez atteints, particulièrement dans les hauts grades, où l'âge prédisposait à la maladie.

Ainsi, en novembre, rentrent en Russie à des titres divers les L.-G. Sloutchevski, Afanassovich, Tcheknarev et le G.-M. Ivanov; en décembre, les L.-G. May, Janschoul, Kossovich, les G.-M. Kousmine, Shiskovski, Yarigin, Tschwang; en février, les L.-G. Stackelberg, Samsonov. Ce même mois, le G.-M. Longanin du XVIe corps, à peine arrivé, meurt. — Quant aux colonels morts, mis en retraite, en disponibilité, ou simplement en congé temporaire, ils ne se comptent plus.

***

Port-Arthur avait des vivres pour jusqu'en février. Port-Arthur On le savait. Aussi, après s'être défié de la place inachevée jusqu'à ne pas oser la laisser à elle-même (Ouafangou), on en était venu, par suite de sa magnifique défense, à la croire imprenable de vive force, et l'on comptait donc bien qu'elle tiendrait encore jusqu'à la reprise de l'offensive.

Nous savons déjà qu'il n'en fut rien; par suite de l'épuisement d'une garnison trop faible en hommes et en matériel d'artillerie, la place tomba le 1er janvier, *un mois trop tôt*.

Ainsi, au printemps, les Japonais auraient, en Mandchourie et en Corée, *six armées* réunissant 33 divisions, soit, avec les dépôts amenés également à pied d'œuvre comme troupes d'occupation, 528 bataillons, 120 escadrons (et au moins autant de Kounkouzes), 328 batteries, 33 bataillons du génie et du train.

Soit 750,000 hommes, dont 660,000 combattants avec 1968 canons.

En face, l'armée russe ne présentait plus, après la prise de Port-Arthur, que quatre armées (y compris celle du Transamour) réunissant 7 divisions de chasseurs et 3 de réserve de Sibérie, 2 divisions de chasseurs, 10 de ligne et 5 de réserve d'Europe — 5 divisions et 10 brigades isolées de cavalerie.

Tout cela ne donnait qu'un total de 410 bataillons, 198 batteries, 240 escadrons, 12 bataillons du génie. Soit 575,000 dont 500,000 combattants avec 1544 canons. En outre, il y avait immobilisés à Vladivostok, Sakhaline et le long du Transmandchourien, 30.000 hommes encore.

La supériorité japonaise pourrait donc se chiffrer par 160.000 hommes avec 424 canons, et la proportion par quatre Japonais contre trois Russes.

***

Ainsi l'hiver 1904-1905 renversa tous les calculs qu'on fondait sur lui. Désormais, il fallait à la Russie presqu'un miracle pour reprendre le dessus sur terre. Résultats

Le miracle nécessaire fut escompté et l'on tenta deux fois la fortune.

Sans attendre la fin des grands froids, le général Kouropatkine lance sa meilleure cavalerie sur les communications ennemies pour retarder l'arrivée de l'armée de Nogi. Cette entreprise hardie manque son but principal et donne aux Japonais un prétexte pour occuper Lin-Minting.

Puis, en hâte, il prend l'offensive; sa droite, par la vallée du Houn dont la gelée rend les marécages praticables, déborde la gauche japonaise et la met en grand péril. Mais la résistance acharnée qu'on rencontre à Sandepou fait croire au général Kouropatkine que le but principal est manqué, l'armée de Nogi, dont on voulait devancer l'arrivée, ayant déjà rejoint en grande partie, et l'offensive générale dont ce devait être le prélude est suspendue.

L'élan primitif est rompu par les hésitations du commandement, qu'augmentent d'habiles démonstrations des Japonais contre le centre; et quand, après trois jours d'expectative, le général Grippenberg reçoit l'ordre de retraite, cet ordre n'est déjà malheureusement que trop justifié, car dans ce délai les Japonais ont pu lui opposer deux armées presqu'entières rendant toute espérance vaine. Et les horribles souffrances causées aux troupes par 23 degrés de froid sont donc en pure perte.

Alors il se cantonne forcément dans la défensive, organisant une ligne de 100 kilomètres de long au sud de Moukden en vrai camp retranché.

Un mois durant, les Japonais l'observent, attendant la fin des grands froids, puis brusquement, le fixant par de furieuses attaques de front, ils le débordent à l'ouest avec des forces énormes et en se servant constamment du territoire neutre à l'ouest du Liao.

Céla, c'est l'écrasement fatal, car hypnotisé par la défense de ses lignes, le général Kouropatkine n'a gardé de réserve générale que le 1er corps de Sibérie. Tout l'héroïsme de ce corps ne peut que permettre une retraite encore difficile.

Moukden est perdu, certains corps de l'armée

presque détruits. On se demande même ce qui fût resté d'une armée européenne dans les circonstances que traversèrent les Russes?

Heureusement l'armée japonaise n'a guère moins souffert et bien qu'abandonné sans coup férir, l'étroit débouché de Tieling les force à tout un nouveau déploiement qui fait atteindre sans bataille les premiers jours d'avril.

Puis les pluies de printemps viennent interrompre pour deux mois les opérations.

Plus que jamais alors les regards se tournent vers l'escadre de la Baltique.

A peine partie, elle soulève l'obscur incident de Hull où nous essaierons de jeter un peu de lumière.

Il en résulte pour elle un important retard qui fait perdre tout espoir de parvenir à Port-Arthur avant sa chute.

On prophétise déjà sa rentrée en Europe, quand brusquement on apprend qu'elle a franchi le détroit de Malacca : l'amiral Rojdestvenski tente la fortune avec tout ce que la Russie possède encore de navires.

Togo l'attire savamment au seul point peut-être où il puisse mettre en action l'arme encore imparfaite que sont les sous-marins, le détroit de Tsoushima — le surprend en ordre de route et détruit littéralement son escadre. — Il en reste juste assez de navires pour porter à Vladivostock la nouvelle du désastre....

La campagne sur mer est finie.

C'est alors que, sur l'initiative du président Roosevelt (l'Amérique étant amie et fortement créancière du Japon), les deux adversaires consentent à entrer en négociations.

Mais les Japonais laissent entendre aussitôt qu'il ne peut être question d'armistice et profitent du temps qui leur reste avant la réunion pour s'emparer de Sakhaline et faire semblant d'investir Vladivostock par mer — faute de mieux — et de s'établir dans la province de Primorsk.

La Guerre Russo-Japonaise

(TOME III)

XIV. — L'hiver en Mandchourie

1. — LES OPÉRATIONS SUSPENDUES LES ARMÉES AUX QUARTIERS D'HIVER

Escarmouches

Novembre 1904 avait passé sans engagements généraux. Tous les jours cependant il y avait des escarmouches entre des pelotons d'Okotnikis et de partisans japonais; rarement même des compagnies entières. Le détail de ces affaires où cependant la bravoure individuelle du soldat s'affirme le plus serait fastidieux.

1re attaque de Tsinhotcheng

Un seul combat mérite mention : c'est l'entreprise du détachement de Kuroki à Chienchang contre le carrefour de Tsinhotcheng.

Le 24 novembre, trois bataillons japonais attaquent sur ce point le bataillon (commandant Berezneff) du 283e placé en avant-poste, mais des feux rapides à courte distance les refoulent avec de fortes pertes. Une attaque de nuit n'a pas plus de succès.

Le 25, la 9e brigade de réserve tout entière avec deux batteries apparaît et canonne la position russe dès 11 heures. A midi, elle marche à l'attaque sur toute la ligne, mais toujours en vain, tandis qu'une batterie russe bien cachée fait taire les batteries japonaises.

A 4 heures, commence un ouragan de neige à la faveur duquel les Japonais reprennent l'attaque; cette fois, ils s'obstinent en vains efforts jusque 7 heures, faisant de lourdes pertes. Les Russes n'ont que 9 tués, 57 blessés.

La nuit se passe sans attaque et même au matin du 26, les Japonais reculent leurs avant-postes devant le front. Mais à 9 heures, une nouvelle et vigoureuse poussée a lieu sur le flanc gauche des Russes. On n'en a raison qu'à 4 heures après-midi.

Le lendemain 27, à 6 1/2 heures, les Japonais recommencent identiquement le même jeu, cette fois sur le flanc droit; de 7 à 10 heures, ils poussent à fond plusieurs attaques de ce côté, mais ne peuvent jamais franchir la zone dangereuse. De 10 à 3 heures, une tourmente de neige telle qu'on ne se voyait plus interrompit le combat; quand le temps s'éclaircit, les Russes s'aperçurent que les Japonais, malgré la tempête et cachés par elle, avaient jeté 3 compagnies dans un défilé pour les déborder par l'Ouest. Grâce à la précision du tir d'une demi-batterie, les 3 compagnies furent refoulées avant d'avoir pu déboucher.

Enfin le 28, à 6 heures, une attaque suprême fut tentée de trois côtés à la fois, mais elle se brisa comme les autres sur la force de la position et l'énergie de la défense; à 11 heures, la 9e brigade de réserve, après cinq jours d'attaques infructueuses, se repliait sur Chienchang, laissant 230 morts; Rennenkampf la poursuivit sans relâche, les 29 et 30, la chassant d'un défilé au nord puis d'un au sud de Souitoung, prenant 7 Japonais, en enterrant 23. Il les suivit jusqu'au Taitze-ho, coupa le télégraphe, détruisit deux dépôts de fourrage.

Une autre colonne, partie de Sinking, explorait en même temps la route de cette ville à Chienchang. Elle trouvait les

Japonais en forces supérieures à Tapintouchan et Ouitzejouitze, mais, par ordre sans doute et vu l'échec de la 9e brigade de réserve, ils ne s'engagèrent pas et se replièrent sans combat sur Chienchang.

Il semble que le général Kuroki ait voulu renouveler la tactique qui lui réussit si bien au Motienling, et s'assurer du carrefour avant qu'une occupation complète ne l'eût rendu imprenable. Cette fois ce fut en vain, et nous le verrons en mars payer très cher la possession de ce point essentiel.

***

L'hivernage

Les grands froids venaient d'ailleurs; dans la nuit du 11 décembre, il y eut 20 degrés, et dans celle du 14, 23 degrés de froid.

Dès lors, de part et d'autre on n'avait plus qu'à profiter de sa prévoyance respective en occupant les terriers creusés en novembre derrière les fortifications élevées le même mois.

Désormais, le travail dans la terre gelée devenant très pénible, les deux armées reportent toute leur activité sur l'armement des ouvrages existants et l'amélioration des communications et du ravitaillement.

Cette situation de deux armées, demeurant terrées à portée de canon l'une de l'autre, est unique.

***

Voici comment les deux partis la comprirent.

Positions russes

La ligne russe originaire avait son point d'appui de droite à Tchantan, sur le Houn; elle suivait ensuite la rive droite jusqu'à Ouanganpou où elle franchissait le fleuve. De là, elle descendait, toujours en plaine, jusqu'à Hounlinpou où elle rejoignait la ligne du Cha-ho proprement dite.

Ce secteur fut assigné à la 2e armée. D'abord composée

seulement des Xe corps et VIe de Sibérie, elle reçut tous les renforts envoyés d'Europe pendant l'hiver : le VIIIe corps, et les 1re, 2e, 3e, 5e brigades de chasseurs qui furent formées en un corps sous le général Koutnevich, et plus tard (après Sandepou) le XVIe corps.

En outre, une nuée de cosaques battait tout le terrain entre Houn et Liao. C'étaient les divisions Mitchenko, Telischev, Grekov, les brigades de dragons d'Orel et du Caucase et les gardes-frontières du général Kosagovski.

Ce secteur, peu propice à la défensive, ne semble pas avoir été mis en défense complètement au début : on se borna de ce côté à l'établissement de zemliankas et à la mise en défense des gros villages qui parsèment la plaine. Elle fut fortement complétée par la suite, mais sur une ligne plus avancée.

Au centre, c'était tout autre chose : là, la 3e armée occupait un vrai camp retranché; de Sifantaï, où une redoute armée de mortiers tenait sous son feu Linchipou toujours indivis, jusqu'à la colline Poutylov, ce n'était qu'une série de tranchées, de lunettes réunies par des chemins couverts ou du moins abrités, par le télégraphe et le téléphone, précédées d'un luxe extraordinaire de défenses accessoires, et possédant chacune sa garnison logée en zemliankas dans les ouvrages mêmes.

Kaulbars avait là les XVIIe corps et IVe de Sibérie, grossis plus tard d'une partie du VIe.

Enfin la 1re armée (général Linievich) tenait par sa droite (5e divisions de chasseurs), les collines Poutylov et Novgorod, devenues de vrais forts armés de pièces de 15 et 21 centimètres.

Sa ligne suivait ensuite les crêtes de la rive droite du Cha-ho jusqu'à Feunkiapou (Ier corps d'Europe).

A partir de là commençait la ligne de défense naturelle

fournie par la montagne; on s'était borné à en occuper les accès praticables. C'était Kandolissan tenu par la 2e division d'infanterie de Sibérie, le Kaotouling occupé par la 54e; le Peitaling et le Sandouling par le IIIe corps de Sibérie.

Enfin, à près de 40 kilomètres de l'armée, et séparé d'elle par des montagnes impraticables, Rennenkampf servait de flanc-garde; il avait la 71e division à Tsinhotcheng, d'où sa division de cavalerie personnelle (la division du Transbaïkal) rayonnait jusqu'au Taïtze-ho. Précédé de hauteurs abruptes, Tsinhotcheng se prêtait admirablement à la résistance. C'était un autre Toumintling! En outre, on lui avait ménagé au Taling une position d'accueil très redoutable encore.

Pour finir, jetés à 40 kilomètres encore dans l'Est, opéraient la brigade indépendante de cosaques à pied du général Masloff et les aventureux djighites du colonel Madritov. Ceux-là, jusqu'à l'arrivée de la Ve armée japonaise, poussaient des pointes jusqu'au Yalou et se tenaient en liaison avec les cosaques de Vladivostock occupant toujours Kapsan et Kildjou.

Quel tableau séduisant pour un esprit méthodique que cette longue ligne de 90 kilomètres de défenses, prolongée encore jusqu'à la Chine neutre à l'Ouest et jusqu'aux montagnes de Corée à l'Est, par des flancs-gardes de 30 et 80 kilomètres! — Cette ligne où l'on avait, croyait-on, tout prévu — où chacun avait sa place comme dans les secteurs d'une ville assiégée.

Mais tout cela péchait par la base : « En voulant couvrir tout, on est faible partout, » a dit Napoléon. Or, on tendait visiblement à « tout couvrir. »

Il y avait peut-être un moyen d'obvier à ce grave danger : c'était de n'installer sur les lignes défensives que les troupes strictement nécessaires à leur conservation et de constituer une ou plusieurs puissantes réserves pour les porter aux points d'attaque réels.

Or l'étendue même de la ligne ne le permit pas : le général Kouropatkine, les lignes étant garnies, ne put garder à sa disposition que le Ier corps de Sibérie, troupe d'élite mais dont la valeur ne pouvait compenser le faible effectif : 24 bataillons ! »

En décembre et janvier, l'arrivée du VIIIe corps et des chasseurs lui rendit bien le VIe de Sibérie qu'ils remplaçaient. Mais il ne put le conserver pour lui : les chefs d'armée le réclamaient déjà; il fallut le diviser pour les satisfaire : la 55e division, avec l'état major du corps, passa à la 3e armée et fut affectée à la défense de la ligne retranchée au nord de Cha-ho-pou. — La 72e passa à la 1re armée et renforça par brigade les détachements du IIIe corps de Sibérie aux Peïtaling et Sandouling [1].

Ce n'est d'ailleurs pas le seul cas où l'on vit sacrifier aux besoins locaux de la défense jusqu'aux liens tactiques des unités.

C'est ainsi que jusqu'en mars la 2e armée conserva, pour le service de certains points déterminés, le 215e du Ve corps et 2 bataillons du 217e du VIe.

Même pour les grandes unités qui restaient affectées à une armée, on adoptait une répartition en « détachements » affectés chacun à une zone déterminée qui, troublant les liens tactiques naturels, devait fatalement amener le désordre en cas d'abandon des positions.

Par contre, il faut avouer que sur ce mauvais principe on bâtit une organisation irréprochable dans ses détails. Les retranchements et zemliankas étaient d'un travail solide et soigné. Une ligne à voie étroite fut construite entre Cha-ho-toun et Touchoun pour amener le charbon des mines aux armées du centre et de droite et porter des vivres à celle de gauche [2].

[1] Rapport Soboleff, *Rousskije Invalid*, 1/14 mai.
[2] Dantchenko au *Rousskoie Slovo*, 28 décembre.

Des routes militaires unirent les divers ouvrages, que reliaient en outre le télégraphe et le téléphone.

Le grand quartier général à Cha-ho-toun, ceux des trois armées à Kouanchan, Soujatoun et Matouran disposaient d'un détachement d'aérostiers et d'un ou plusieurs projecteurs.

Des dépôts d'approvisionnement et de munitions étaient constitués auprès de chacun, ainsi que plusieurs en arrière à Fouchoun, Païtapou et Soukoudiapou. Les hôpitaux d'évacuation étaient à Chanlingtze, Koudiatze et Fouchoun.

La vie du soldat fut bien organisée; chacun reçut une robe de chambre chinoise, ouatée, à porter sous la capote grise, une paire de bottes de feutre et une « papakha » de fourrure couvrant les oreilles. Des fourrures étaient en outre délivrées aux sentinelles [1].

Les « zemliankas » étaient creusées à hauteur d'homme puis couvertes de charpente et d'une couche de terre; sur les points exposés au feu de l'ennemi, cette couche atteignait jusqu'à 2 mètres d'épaisseur. A l'intérieur, il y avait des poêles de fonte que les Chinois de Moukden fabriquèrent par milliers sur quelques modèles.

Les vivres étaient abondants : des marchands arméniens, juifs, grecs, au service de l'intendance, allaient faire leurs achats sur la rive neutre du Liao et jusqu'en Mongolie, et, en payant bien, les bœufs et les céréales passaient toujours. Même le trafic du chemin de fer de Sinminting s'en accroissait fort au grand profit de la Compagnie, mais elle pouvait justifier « qu'elle ne traitait qu'avec des sujets chinois. »

Quant aux trains de Russie, ce qu'ils amenaient surtout c'était le superflu, sous forme de tabac, livres, images, conserves; mais surtout de liquides variés, fournis trop largement peut-être par les coopératives militaires.

[1] Saint-Pétersbourg, 21 janvier, *Gazette de la Bourse*.

Les officiers n'étaient pas privés non plus; Moukden leur offrait toutes les ressources d'une capitale et l'on y trouvait sans peine aucune le souper, le gîte et même ... le reste.

Certains correspondants ont même cru découvrir dans les longs loisirs d'hiver, assez mal employés par certains, l'explication d'événements restés obscurs.

***

Positions japonaises

En face, les Japonais s'organisaient aussi, mais sur de tout autres bases.

Chez eux visiblement la défensive n'était admise que comme préparation à l'offensive.

Pas de ligne d'avant-postes fixe et fortifiée; ils ne tiennent en contact avec l'adversaire que des unités d'effectif réduit dans d'humbles rifle-pits ou des tranchées de campagne précédées d'abatis.

Même, c'est sur leurs espions kounkouzes que repose leur service d'information plutôt que sur des reconnaissances toujours coûteuses.

Le plus souvent, ils ne résistent même pas aux tentatives des Okhotnikis; ne les arrêtant avec l'aide du gros des troupes que quand ils menacent de pénétrer dans les lignes principales.

Celles-ci sont plus en arrière, à 2 ou 3 kilomètres. Mais ce ne sont pas des « lignes » immenses et continues; ce sont des points de résistance rares, mais bien choisis où, par exemple, on accumule alors toutes les ressources de la fortification; ce sont des batteries dont l'emplacement est bien caché et le champ de tir bien étudié. Si l'emplacement choisi ne « voit » pas assez de terrain, on en prépare d'avance un ou plusieurs autres pour les mêmes pièces [1].

[1] *Revue du Génie*, mai.

Tels sont Sandepou, Lidioutoun, Linchipou, Keoutkaï, la colline à deux cornes, le Ouaïtochan et le Tzogouchan qui jalonnent cette ligne.

Enfin, le gros de leurs troupes était installé sur des nœuds de routes permettant une rapide concentration de leur effort. On se gardait bien d'en desserrer les liens tactiques; au contraire, on passait l'hiver à consolider les brigades « de réserve » et « de dépôt » en divisions « mixtes » définitives.

Comme les Russes, les Japonais logeaient leurs troupes en baraques enterrées chauffées par des « khangs » — *foyers* en brique sur lesquels on couche. Les hommes portaient une peau de mouton, la laine à l'intérieur, sous la capote gris-brun; ils reçurent en outre des bottes de feutre, un collet de fourrure et une calotte à oreillettes en peau de rat, à porter sous le bonnet de police.

La cavalerie seule eut de luxueuses demi-pelisses entièrement fourrées.

Telle était la situation des deux armées, et sans doute elle eût duré sans modification jusqu'à la fin des grands froids quand, brusquement, le 1er janvier, Port-Arthur tomba.

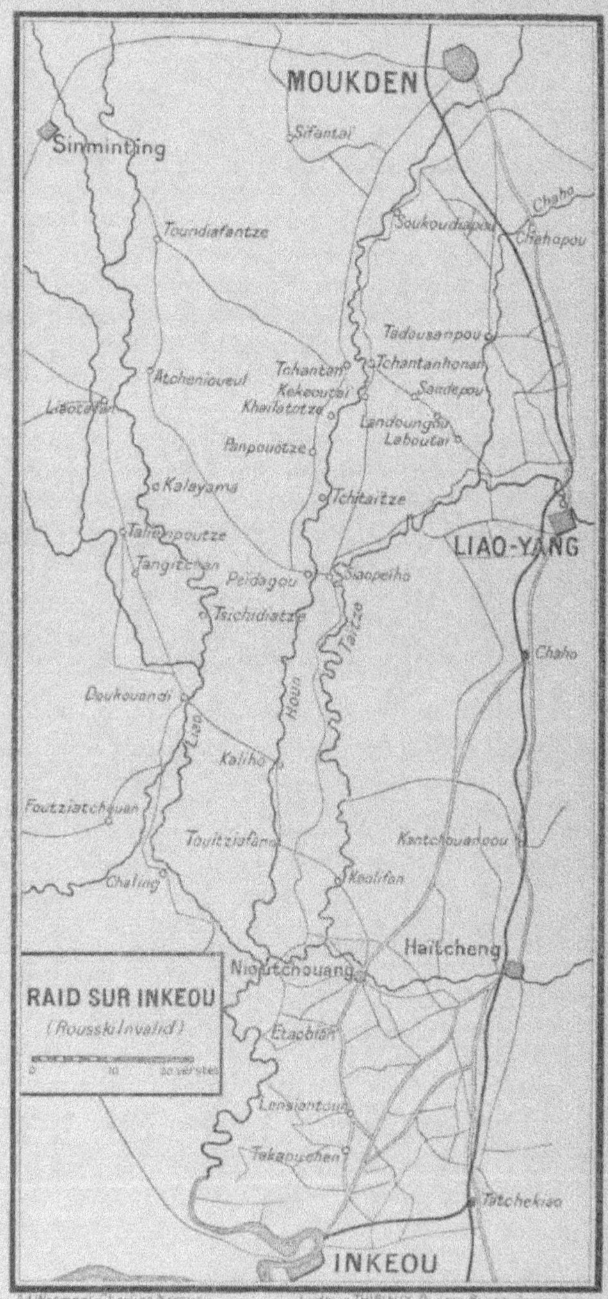

RAID SUR INKEOU
(Rousski Invalid)

Ad. Wesmael-Charlier Namur — Ludovic THIRIAUX Guerre Russo-Japonaise

XV. — Efforts des Russes

pour parer aux effets de la chute de Port-Arthur

La chute de Port-Arthur fut publiée dans les camps russes par les Japonais eux-mêmes, au moyen de lettres jetées, de cerfs-volants, etc.

De ce moment, il ne pouvait plus être question pour le général Kouropatkine de se cantonner dans la défensive.

Dans un mois au plus, *cent mille hommes* de renfort auraient rejoint son adversaire, rompant à jamais, il fallait le craindre, l'équilibre des forces si péniblement obtenu.

Ce mois de répit, il le fallait absolument, puisque la température s'opposait encore à l'offensive projetée, et, du jour même de la reddition, tous les efforts des Russes tendirent à la destruction du chemin de fer Dalny-Liao-Yang.

Le 1er janvier, déjà trois pointes de quelques cosaques sont lancées en avant de la droite; deux se bornent à reconnaître le terrain entre Liao et Houn-ho, mais celle du lieutenant Maas va droit au chemin de fer, à 10 verstes au nord d'Haïtcheng, en fait sauter le remblai et coupe les fils télégraphiques.

A dater du 3 janvier, les Russes mettent en action sur le front les batteries de siège récemment arrivées; la canonnade intermittente, qui n'avait jamais cessé, devient un vrai bombardement, sans grand effet, d'ailleurs, tant les deux armées sont terrées. En outre, à dater du 6, l'activité de leurs avant-postes est accrue et des mouvements importants s'opèrent dans leurs lignes du Cha-ho.

Raid sur Inkeou [1]

Composition et but

C'est pour distraire l'attention, car ce jour-là se forme sous Moukden un corps de cavalerie de 66 escadrons, 4 compagnies montées d'Okhotnikis, 3 batteries et 2 sections de mitrailleuses. C'étaient :

1° La division du Don (Telischev), sauf le 25e régiment et les deux batteries.

2° La brigade du Caucase (colonel Kharanov remplaçant le prince Orbelian, malade), avec une batterie de montagne à cheval.

3° La brigade de dragons d'Orel, grossie de 4 escadrons de Primorsk et de la 20e batterie à cheval, sous Samsonov.

4° La division Oural-Transbaïkal (Abramov remplaçant Mitchenko.

Le point de concentration fut Sifantaï, à 13 verstes nord-ouest de Soukoudiapou. La brigade isolée de gardes-frontières du général Kosagovski établie sur ce point couvrit cette concentration. Là un convoi de 1500 chevaux de bât et une ambulance furent adjoints à l'expédition.

***

Trajet à l'aller

Le 8, on se mit en marche vers le Sud-Ouest, Abramov au centre, suivi du convoi sous la garde des cosaques du 1er Tchita, Telischev à droite, Samsonov à gauche, sans

[1] Kouropatkine au Tzar, 15, publié le 16, § complémentaire.
New-York Hérald, de correspondant spécial, 15.
Tokio à la Légation japonaise Londres, 13.
Tokio, 13, à Reuter et id. 14.
Lettres Agafonof au *Rousskyi Invalid*, sous le titre « Pokodnia-Zamietni » (février-mars-avril, 5).
Article nécrologique Burtin. — *Rousskyi Invalid*.
Rapports officiels (?). — Tokio au *Times*, 16 et 18.
Lettre Naudeau, 19 janv., au *Journal*.

grandes mesures de précautions, car on était encore couvert par les gardes-frontières.

Les renseignements sur l'ennemi portaient qu'il occupait la ligne du Houn-Ho, de Tchitaïtze à Peidagou, par divers avant-postes d'un bataillon chacun. Des pointes extrêmes de deux escadrons et deux compagnies étaient à Kekoutaï, Khailatotze, Panpouotze et Santaïtze. Une réserve d'un régiment et 8 escadrons à Siaopeiho. Du côté de Atchenioueurl-Kalayama, on ne signalait que des pointes de cavalerie et des kounkouzes.

Mais dès le second jour, une grave difficulté surgissait, la carte de « 2 verstes par pouce » s'arrêtait au méridien de Sinminting, et si l'on continuait vers l'ouest, même sans franchir le Liao, l'on n'aurait plus qu'une carte routière imparfaite à « 20 verstes par pouce » (1/840000). On adjoignit donc à chaque colonne un demi-escadron de gardes-frontières connaissant à fond le pays, sous des officiers choisis.

Heureusement, le terrible hiver faisait de cette région, en tout autre temps presqu'impraticable, tant elle est encombrée de cultures, sillonnée de cours d'eau ou de marécages, une plaine rase où les fleuves eux-mêmes, profondément gelés, n'étaient plus un obstacle.

Le 9, l'expédition commença; on entrait dans la vallée du Liao. Dans la nuit, les avant-postes des dragons de Tchernigov avaient bousculé l'avant-poste japonais d'Atchenioueurl, seul obstacle de ce côté, et, à 7 h. 40, les colonnes s'ébranlèrent, Abramov et Telischev sur la rive gauche même, tandis que Samsonov, un peu à l'ouest, allait de Toundiafantze à Kalayama par Atchenioueual.

Puis, brusquement, à 1 heure, elles passent le Liao sur la glace et continuent sur Talienpoutze où l'on bivaque; des Japonais et des kounkouses l'occupaient encore la veille au soir mais avaient fui.

C'était une bonne journée : on avait fait 35 verstes et dépassé la principale ligne d'avant-postes ennemis à Siaopeiho. Il est vrai qu'on usait déjà de la rive ouest du Liao! La journée n'avait rien coûté et les cosaques de l'Oural avaient enlevé un premier convoi japonais.

***

Affaire de Jouitziafan

Il faisait encore sombre le 10 quand on se remit en route. Telischev franchit le Liao et marcha sur Kali-ho. A sa droite, Abramov marchait parallèlement à deux verstes. Quant à Samsonov, il continuait à suivre la rive droite, ne devant franchir le fleuve qu'à Doukouandi. Tout cela se fit sans encombre et le corps tout entier fut réuni vers midi aux environs de Kali-ho. L'après-midi on descendit au sud par la vallée du Houn; on entrait ainsi sur les territoires du chef kounkouze Toulisan qu'on signalait à Iouitziafan.

C'était vrai; les avant-gardes furent accueillies par une fusillade. Les batteries de Mitchenko, par quelques obus, eurent raison de la résistance et à 2 heures on s'arrêta à Jouitziafan pour la grande halte. Mais on signalait presque en même temps 200 autres kounkouzes au delà du Liao et Samsonov leur envoyait deux escadrons de Primorsk. Devant le centre aussi, les kounkouzes chassés par l'artillerie s'étaient reformés dans une usine voisine nommée Kanchen et tiraillaient encore; l'escadron « d'éclaireurs d'élite » formé par Mitchenko, et un détachement de cosaques de Verkne Oudinsk sous le lieutenant Burtin, volontaire français, se jetèrent à corps perdu sur les bâtiments, croyant enlever la bande. Mais les kounkouzes, groupés derrière les murs d'argile, les fusillaient à coup sûr. Burtin fut tué et son cadavre emporté par son cheval. Trois cosaques étaient tués, cinq et un officier blessés.

Alors, comme il était cinq heures et que la nuit allait tomber, Mitchenko fit encore venir deux pièces et au 12e obus les kounkouzes s'écartèrent. La colonne put passer enfin.

Mais une heure après, apprenant l'abandon du corps de

Burtin, Mitchenko furieux ordonna au régiment de Verkne Oudinsk qui l'avait perdu d'aller le rechercher; deux escadrons de dragons Njaschin et une batterie de montagne à cheval lui étaient adjoints, sous le général Baumgarten.

A 3 1/2 verstes du village on ouvrit le feu, puis on lança les cosaques pied à terre. Le village brûla sous les obus, mais les terribles murs de clôture restaient intacts.... Il y eut une première et vive mêlée mais en vain, et on allait recommencer avec des renforts quand le corps fut retrouvé.

Cet épisode coûtait 2 officiers et 10 hommes tués, 7 et 37 blessés. Aussi dans son ordre daté du 10 minuit, Mitchenko recommandait de ne plus attaquer de front les villages ou points défensifs, mais de les tourner ou les canonner.

Dans cet ordre, il prescrivait de contourner Niouchouang, qu'on disait occupé par 300 hommes, pour bivaquer au sud de la ville, en se laissant signaler le plus tard possible à Haitcheng où il y avait 4500 hommes et à Inkeou où il y en avait 3000.

***

Occupation de Vieux-Niouchouang

Le 11 on partit à 8 heures et dès 9 heures on passait le Taitze à Kaolifan. Mais dès 10 heures les dragons Tchernigov sabraient en partie seulement une pointe japonaise d'une dizaine d'hommes. On était signalé.

A ce moment même un fait se produisit qui vaut citation : les Russes voyaient dans les villages à droite et à gauche de leur route s'élever des fanions rouges et blancs; les Chinois leur expliquèrent fort obligeamment que c'était le signal de retraite; en réalité c'était le signal de *rentrée des réquisitions ordonnées. Les Japonais ne les suspendaient même pas au passage de l'expédition!*

Cependant on marchait avec une lenteur désespérante. A 2 heures, on était en vue de Niouchouang (vieux). A tout hasard, Mitchenko fit reconnaître la ville. Le 5e cosaques de l'Oural la trouva évacuée, la traversa au trot et put rattraper encore une compagnie japonaise qui s'enfuyait et la sabrer. Une heure après, toute l'expédition était dans la ville et les entrepôts japonais flambaient. De ce moment, on détruisit sur la route plusieurs convois japonais dont un de 100 voitures de chandelles et d'huile à brûler pris par les dragons de Njäschin, un de 130 voitures de fèves pris par le 5e de l'Oural, un de 40 voitures diverses brûlées par le lieutenant Noga des gardes-frontières.

On coupait le télégraphe et l'on détachait une « colonne de destruction » formée de cavaliers choisis des divers corps contre le pont du chemin de fer d'Haïtcheng.

***

Attaque d'Inkeou

Le soir, la colonne du centre coucha à Etaobian, puis le 12 au matin, elle partit pour Takaoukhen d'où Mitchenko lança son ordre d'attaque : à 2 1/2 heures, cinq colonnes devaient partir. Les trois principales devaient rester en réserve sur une ligne à 6 kilomètres de la station d'Inkeou. Les opérations actives étaient confiées à Kharanoff, grossi de fractions choisies des autres colonnes jusqu'à 25 escadrons et sotnias. Descendant au Sud vers la ligne Inkeou-Tatchekiao, il devait se subdiviser en atteignant cette ligne en deux colonnes qui avaient mission de détruire les deux stations. En outre, Mitchenko gardait à sa disposition les 24 pièces de campagne et de montagne de l'expédition.

Elles ouvrirent le feu à 4 heures 1/2. A ce moment même, un train arrivait à Inkeou apportant des renforts. Et moins de 30 minutes après on entendait, du côté de Tatchekiao, des explosions répétées : c'était la brigade du Caucase qui faisait sauter le remblai .... une demi-heure trop tard.

Tout ce qu'on put faire fut de couvrir le train de shrapnells, qui durent faire grand mal, car il était composé de trucs découverts. Puis on bombarda Inkeou-station et les entrepôts énormes établis entre la station et le fleuve jusqu'à 6 h. 10 du soir; l'incendie éclata dès les premiers coups et vraiment il ne dut pas rester grand'chose des entrepôts. Soit manque de canon, soit incertitude sur l'emplacement des batteries russes, les Japonais ne répondirent pas. A 6 h. 1/2 comme la nuit tombait, l'ordre d'attaque fut enfin donné. Une seule eut lieu, à 7 heures, à la fois par la route et par le fleuve, sur la glace. Mais Kharanov réduit à une vingtaine d'escadrons et 4 compagnies d'Okhotnikis par son détachement sur Tatchekiao ne pouvait espérer forcer les 3000 Japonais renforcés de 300 hommes venus d'Haïtcheng par voie ferrée et des civils japonais d'Inkeou, qui avaient pris les armes. Rapidement l'assaut dégénéra en une fusillade furieuse, mais inutile contre les murs où les Japonais s'abritaient.

Sans plus attendre, Mitchenko, qu'on informait en même temps de la marche de 5 bataillons japonais venant de Tatchekiao, ordonna la retraite et, à minuit, son corps, non poursuivi, s'arrêtait à Lenstantoun sur la grand'route.

On perdait, 2 officiers et 27 hommes morts, 11 et 130 blessés, 25 disparus.

***

Retour. Affaire de Santao-ho

Le 13, on continua la retraite plus lentement que jamais, à cause des blessés et du convoi des chevaux de bât qui fut constamment un élément de désordre et une cause de retard. A Etaobiau on quitta la grand'route, *évitant Nioutchouang* et l'on marcha droit au Liao qui fut traversé vers 7 heures 3/4.

On se croyait en sûreté relative sur la rive droite pour la nuit du nouvel an russe, mais à minuit on avertit Mitchenko qu'un détachement japonais et la bande de Touiisan s'avancent de Nioutchouang vers le nord-ouest, pour couper la retraite.

Et en effet, le 14 à 9 heures, comme le gros du corps se met en route pour Chaling, en entend le canon; c'est la colonne de droite (Telischev) dont les Japonais bombardent le bivac par surprise à Santa-ho. En quelques instants Telischev eut 2 officiers et 37 hommes hors de combat.

Déjà l'infanterie japonaise, forte *d'un seul bataillon* (!) s'avançait à l'attaque, quand la 1re batterie à cheval du Transbaïkal survint, expédiée par Mitchenko.

Elle brisa net l'élan des Japonais, fit taire leur batterie et les poursuivit longtemps encore de ses obus, pendant qu'ils faisaient retraite dans la plaine rase.

Le soir, on n'atteignit que Foutziantchouan — 25 verstes! traînant toujours comme un boulet le convoi de chevaux de bât et les blessés. — Heureusement les Japonais ne bougeaient plus. — Le 15 au soir à Tangitchan.

Au matin du 15, on fut rejoint là par une forte reconnaissance de cosaques d'Orenbourg sous le sous-lieutenant Plotnikow. Ces hardis djighites étaient partis le 13 de Sifangtaï avec des dépêches pour Mitchenko; ils avaient carrément poussé jusqu'à Niouchouang, puis avaient suivi la trace de la retraite. — Cela, c'était la vraie conception du « raid » — et l'exécution était brillante.

Ce jour-là, on repassa le Liao et les trois colonnes s'arrêtèrent cette fois à Kalamaya (Samsonov), Atchenioneurl (Abramov) et Iaokandi (Telischov). — Le soir même, la liaison était rétablie avec Kosagovski. — Le raid était terminé.

***

Résultats Appréciations

Cette opération était déplorable à tous points de vue.

1° Au point de vue diplomatique, l'utilisation de la rive droite du Liao était une faute lourde qui n'allait pas tarder à porter ses fruits. — Au risque de quelques pertes, il eût cent fois mieux valu, *tout au moins à l'aller,* forcer la ligne d'ailleurs faible des avant-postes japonais dans la vallée même. — En effet, si l'on peut discuter sur une *retraite* à travers un territoire neutre, c'est impossible en ce qui concerne une *marche offensive;* pareille marche est incontestablement un *usage de guerre.*

2° Au point de vue stratégique, le point d'attaque principal était mal choisi. Qu'importaient les entrepôts d'Inkéou : la Chine pouvait les reconstituer en quelques jours par le chemin de fer Inkeou-Changhaïkouan. — Au contraire, des dommages *sérieux* à la voie ferrée comme la destruction d'ouvrages d'art importants, voilà ce qu'il fallait!

En faisant de ce dernier point non le principal, mais l'accessoire, on s'exposait à ce qui arriva : le faible détachement envoyé contre le pont d'Haïtcheng eut affaire à toute une brigade occupant la ville; grâce à la vitesse de ses chevaux, il remonta rapidement au Nord puis, se rejetant sur la ligne, il en fit sauter le remblai à Kantchouanpou, entre Haïtcheng et Antchantchan. — Nous avons vu que de son côté le détachement de Kharanoff avait, le 12, pu faire sauter le remblai de l'embranchement d'Inkeou en plusieurs endroits, mais n'avait pu atteindre Tatchekiao, occupé par cinq bataillons.

La seule opération *directement utile* à la marche générale des opérations était donc celle de Kantchouanpou, et elle nécessitait à peine une journée de réparations!

3° Au point de vue tactique l'opération étonne. — On croyait généralement qu'un « raid » impliquait des troupes plutôt hardies et bien montées que nombreuses, un équipement léger, une marche rapide.

Or ici, nous voyons partir en bloc 10,000 cavaliers avec de l'artillerie, et un *convoi surtout* — qui ne font en moyenne que 35 kilomètres par jour à l'aller et une trentaine au retour. — Ce qu'on obtient de l'infanterie en marche forcée!

Avec de vraies étapes de cavalerie, de 60 kilomètres environ, on tombait dès le premier soir sur Tanuan (ligne d'avant-postes japonais) avant qu'il pût être renforcé; le 9, on était à Niouchouang (vieux) dans les mêmes conditions et le 10 on pouvait attaquer Haïtcheng ou Inkeou (si l'on persistait dans l'erreur stratégique) avec quelque chance de succès, même sans artillerie ou avec de l'artillerie de montagne seulement.

Il semble bien que cette lenteur ne fut pas voulue. — Mais le convoi ralentissait la marche de la colonne du centre, la marche même était mal réglée (le 13 au matin, la division Samsonov attendit 3 heures la bride au bras, qu'Abramov et le convoi eussent défilé). — Enfin, il y eut un certain nombre de hors-d'œuvre qui fatiguèrent inutilement les chevaux.

Ceux-ci souffrirent peu; seuls les cosaques du Transbaïkal en perdirent un certain nombre — chevaux à bon marché du pays. — Les chevaux près du sang des dragons, des cosaques du Don et de l'Oural, et les kabardes des Caucasiens ne s'en ressentirent pas.

Les chevaux de sang de plusieurs officiers étaient aussi frais le dernier jour que le premier.

4° On ne voit pas trop à quoi rimait l'attaque d'Inkeou. — Une fois les entrepôts détruits par les obus, il n'y avait plus qu'à s'en aller et l'obstination qu'on mit à lancer des hommes sur la ville où ils n'avaient plus rien à faire ne servit qu'à permettre aux Japonais de se décerner un panache de plus — à peu de frais.

C'était leur droit, mais comme le gros public n'eût pas compris *pourquoi* les Russes subissaient un échec, ils embellirent encore une fois la vérité de quelques détails empoignants et ... imaginaires.

Ainsi *Reuter* de Tokio 14 évalue les pertes japonaises durant toute cette période à Niouchouang et environs à 1 officier et 15 hommes. Or, les Russes ramenaient déjà 14 prisonniers, dont 12 pris à Vieux-Niouchouang. La même dépêche déclare que les entrepôts d'Inkeou « ne furent pas endommagés, » ce qui est quelque peu exagéré certainement, et qu'il en fut de même de ceux de Niouchouang, — cela c'est simplement faux.

Il y a mieux: une dépêche officielle (si l'on en croit le *Times* du 16 tout au moins) déclare que le 13 des reconnaissances japonaises poussèrent l'ennemi « en désordre hors de Vieux-Niouchouang. » Or, on sait qu'au retour les Russes évitèrent cette ville et la contournèrent d'assez loin par le Sud; le 13, il n'y avait donc pas de Russes dans cette ville.

Le 18, ils rendent compte de l'échauffourée de Santao-ho, si l'on en croit toujours le *Times*, d'une façon non moins dithyrambique : ils ont « entouré » un « corps » de cavalerie, l'ont « mis en désordre » et lui ont mis hors du combat *plus de trois cents hommes!* On sait qu'après un moment de surprise, la batterie du Transbaïkal infligea au contraire au corps japonais qui venait d'attaquer témérairement Telischev avec des forces minimes, une leçon sévère et que les Russes perdirent là 2 officiers et 37 hommes.

Enfin, plusieurs dépêches japonaises prétendent qu'on vit dans les rangs des Russes des hommes « déguisés en chinois » et même des « réguliers chinois. »

Nous savons que plusieurs corps avaient reçu le manteau ouaté mandchou à capuchon, ce qui peut expliquer la première confusion, mais pour la seconde, elle doit s'appliquer aux convoyeurs indigènes de la terrible colonne de chevaux de bât, à moins ... qu'elle ne soit inventée de toutes pièces comme tant d'autres détails donnés.

2. — BATAILLE DE SANDEPOU [1]

But

Par suite de cet échec, la reprise de l'offensive devenait de la dernière urgence. Le jour même de la rentrée de Mitchenko, le 17, l'état-major russe recevait des renseignements dont les journaux se firent l'écho, affirmant l'arrivée à Liao-Yang de 40.000 hommes de l'armée de Nogi.

Ce devait être exagéré, la ligne à voie unique ne pouvant porter cet effectif en quinze jours; mais en tout cas dès cette date on constatait déjà un notable accroissement de l'artillerie japonaise sur le Cha-ho. Il était certain que les Japonais mettaient une activité fébrile à reporter là les énormes ressources en personnel et matériel accumulées contre Port-Arthur durant 10 mois, et que la fin de janvier verrait presqu'à coup sûr l'achèvement de cette opération.

Le général Kouropatkine résolut donc d'essayer tout au moins d'une offensive immédiate. Il lui donna pour objectif de déborder les défenses japonaises par la vallée du Houn moins défendue et la plaine marécageuse entre Houn et Taïtze, rendue praticable par la gelée. L'attaque générale suivrait ou non, suivant les résultats.

Son dessein, malheureusement, n'était pas ferme, empreint de cette audace qui, dit-on, appelle la victoire : en effet, le général Grippenberg, chargé de l'opération avec la 2e armée qu'il commandait, recevait ordre *de ne pas dépasser la ligne Sidianko-Sandepou.*

1 Sources générales : Récit du *Voenije Sbornik*.
Grande dépêche au *Daily Telegraph* (Rapport Oyama) (?)
Articles journaliers du *Rousskyi Invalid*.
Belgique militaire, du 2 avril.
Anonyme au *Rousskyi Invalid*, nos 164 et 171 de 1905. Semble émaner de Stackelberg par le style et le fait que les opérations du 1er corps sont les plus détaillées. Comparer avec ses rapports sur Tatchekiao (*Rousskyi Invalid*, 99) et sur Liao-Yang (*Voenjie Sbornik*, 9 avril).

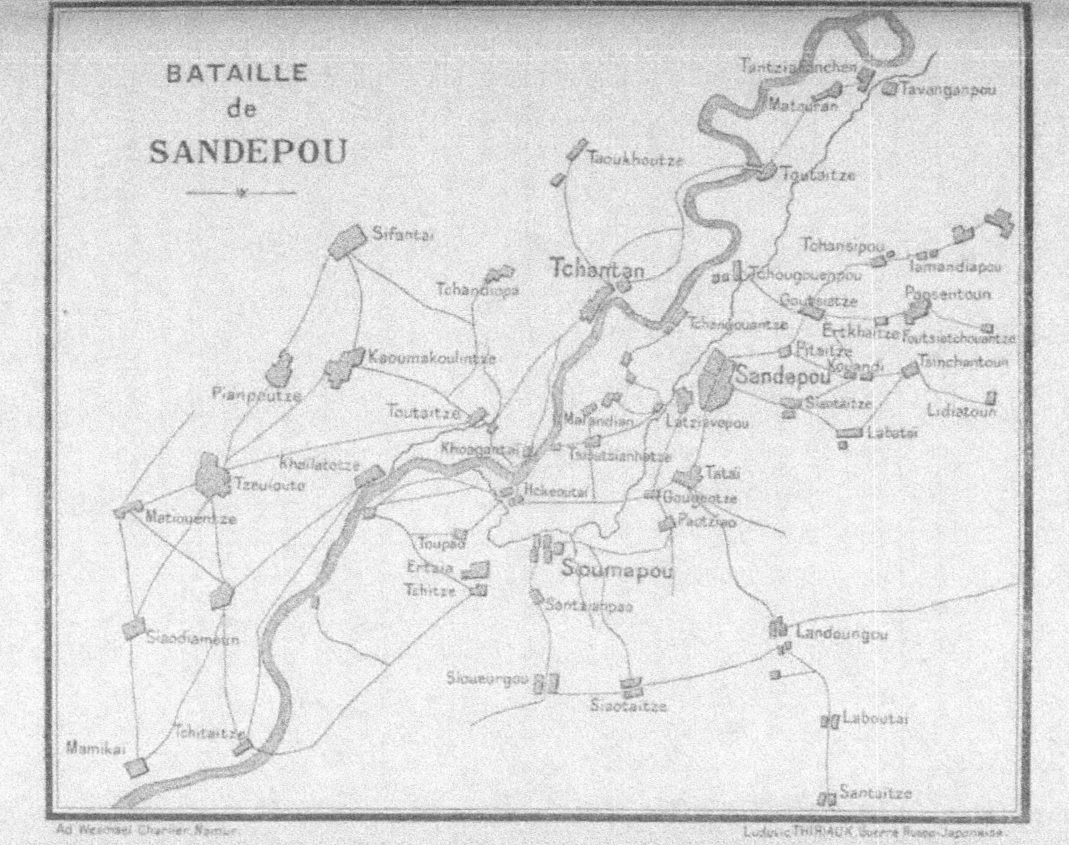

Ad. Wesmael-Charlier, Namur.

Ludovic THIRIAUX. Guerre Russo-Japonaise.

De nouvelles instructions, sans doute, pouvaient lui rendre sa liberté d'action, mais il résultait déjà de cette limitation que d'avance le généralissime prévoyait un échec et voulait empêcher que, par excès de zèle, on n'en fît un désastre. C'était de la prudence poussée fort loin, mais bien conforme à ce qu'on connaît du général Kouropatkine.

Par contre, nous ne pouvons nous résigner à conclure de là, comme divers journaux l'ont fait, que cette opération ne fut qu'une *reconnaissance en force*, alors que nous voyons y affecter *près de la moitié de l'armée* et notamment sa *réserve générale* (Ier corps de Sibérie), alors que les circonstances exigeaient une offensive immédiate et résolue.

Remarquons d'ailleurs que les dépêches officielles russes, souvent écourtées, jamais mensongères ne prononcent pas une seule fois ce mot de reconnaissance. Ce sont des journaux russes et français qui l'employèrent dans les polémiques suscitées par le conflit Grippenberg-Kouropatkine.

***

Préparation

La préparation fut hâtive : Mitchenko, avec le corps de cavalerie revenant du raid et demeuré entre Kalayama et Atchenioueurl depuis le 17, dut former la droite de la IIe armée, son aile marchante.

Les trois divisions devaient marcher sur Tchitaïtze, Mamikaï et Oudiakantze, franchir le Houn et par Landoungou-Tadousanpou, prendre à revers la gauche japonaise.

Le détachement général-major Kosogovski renforcé des 215e et 241e d'infanterie couvrait leur marche, appuyait leur action première et devait ensuite les relier au gros de l'armée.

Le *gros* comprenait le Ier corps de Sibérie, parvenu le 11 à Sifantaï, et le VIIIe sur les deux rives du Houn à Tchantan (14e div.) et Tchougouanpou (15e div.).

Le premier devait enlever Hokeoutaï et dès lors, parvenu sur la ligne du VIIIe, coopérer avec lui à l'attaque générale de la ligne retranchée Sandepou-Soumapou.

La *gauche* ou *pivot* comprenait le Xe corps. Il devait occuper la ligne retranchée d'Ertkaïtzè à Kouanlinpou, que tenait la 61e div. formant liaison avec la IIIe armée. Mais tous devaient se borner à coopérer avec la IIe armée PAR LE FEU SEULEMENT.

Par le feu seulement devait aussi agir *la IIIe armée* : d'après l'ordre de Kouropatkine du 6/20 janvier n° 33, elle ne devait entrer en action contre Khooutkaï et le pic de Kounboasan que « en relation avec le succès obtenu par la IIe armée » dans une 2e *attaque* encore après celle de Sandepou : celle de la ligne Chaulianpou-Linchipou, et ce dans le but d'appuyer une 3e *attaque*, toujours de la 2e armée : celle de Kounlinpou.

Quant à la Ire armée elle ne devait bouger que « en relation avec les mouvements ennemis et LE SUCCÈS DES IIe, IIIe ARMÉES! »

Les *réserves* comprenaient les parties arrivées des chasseurs d'Europe (1re, 2e, 3e brigades réunies en un corps mixte) sous le L.-G. Koutnevich. Il devait former la réserve particulière de la IIe armée, et deux batteries de mortier de campagne lui étaient adjointes; il se concentra le 11/24 à Taouanganpou.

En réserve générale restaient les fractions du XVIe corps arrivées (une division encore sans convois) et la 55e division du VIe corps, à Tasoudiapou et Chabotoun (Sakhetoun).

***

Dans la nuit 24-25 les avant-gardes du Ier corps en deux colonnes enlevaient par attaque brusquée Khaïlatotze — Journée du 25

[1] Kouropatkine au Tzar, 25 et 26, publiées 27. Sakharov à l'État-Major 27.

et Toutaïtze; au matin Mitchenko et Kosagovski tombaient à leur tour sur Oudiakantze, Mamikaï, Tchitaïtze, et les enlevaient sans grande peine, semble-t-il, aux avant-postes de la 8e division japonaise qui les occupaient. Puis Mitchenko laissant Kosagovski sur le Houn et lançant au Sud-Est une division à la poursuite des Japonais (2 régiments de dragons) sortis d'Oudiakantze et Mamikaï, continua vers le Nord-Est, marchant sur Sieurgou. Dans l'après-midi encore il occupa Niouge malgré la résistance énergique des Japonais qui lui coûta 120 hommes, — il en prit 20 dans le village [1].

Pendant ce temps, le Ier corps se heurtait dès Hokéoutaï à des défenses importantes : de 7 h. à midi on les bombarda, puis la 1re division de chasseurs fut lancée de Khaïlatotze sur Hokeoutaï, tandis que la 9e et l'artillerie restées à Toutaïtze bombardaient le village. Les colonnes d'attaque franchirent le Houn sans opposition ; mais, parvenues à hauteur de Toupao, elles furent atteintes par une fusillade de flanc partie de ce point. On emprunta à la 9e division les 35e-36e chasseurs et les deux villages furent attaqués simultanément. Puis le reste de la 9e division fut appelé! Mais leur garnison tint héroïquement; on ne put entrer dans Toupao qu'à 6 h. 1/2 du soir et dans Hokeoutaï qu'à 11 heures, au prix d'un sanglant assaut à la baïonnette. On y prit 100 Japonais [2], le reste des défenseurs s'échappait dans la nuit vers Paotziao; c'était la 1re brigade de la 1re division japonaise : les héros de la colline de 203 mètres.

[1] Les prisonniers étaient du 5e d'infanterie.
[2] Les prisonniers étaient des 1er, 2e d'infanterie et 2e de dépôt.

***

Pendant la nuit du 25, la 14ᵉ division franchit le Houn à Tchantan et s'établit sur la ligne Tchantanhonan-Maladian; la 1ʳᵉ brigade de chasseurs de Sibérie (col. Lesch par intérim) devait venir l'appuyer à Tzioutziaïhotze, tandis que le reste du Iᵉʳ corps, masquant Soumapou percerait la ligne de défense japonaise à Paotziao. Journée du 26

Mais, au matin, comme les préliminaires de l'attaque et notamment la marche de Lesch s'effectuaient, les avant-postes signalèrent l'approche de fortes colonnes ennemies du Sud-Est (armée Nogi) vers Landoungou et au delà.

C'était le maréchal Oyama, qui péchant, lui, par excès d'audace, ordonnait l'offensive; il l'annonça d'ailleurs glorieusement à Tokio, mais cette tentative honorable était par trop prématurée et il ne disposait pour elle que de l'ex-garnison d'Hokeoutaï, du reste de la 8ᵉ division et des renforts arrivés dans la nuit à Landoungou (fractions des 1ʳᵉ et 9ᵉ divisions).

Tout d'abord, il fut impossible à Nogi d'exécuter l'ordre prescrivant de se déployer sur la ligne Toupao-Soumapou-Paotziao, car Toupao était occupé par les Russes depuis la veille, et Paotziao, sans l'être encore, se trouvait évacué et trop dans le rayon d'action de la 1ʳᵉ division de chasseurs de Sibérie, déjà en marche. Il déploya donc ses forces sur la ligne Tchitze, Soumapou, Ouchiatze et les lança — à 11 heures — à la faveur d'une tourmente de neige qui ne permettait pas de voir à dix pas devant soi.

Paotziao fut pris presqu'immédiatement, et les 3ᵉ 4ᵉ et 33ᵉ

[1] Kouropatkine au Tzar 26 et 27, publiées 27.
Sakharov à l'État-Major 27.
Oyama (Tokio) à *Reuter* 28.
Moukden au *Rousskoïé-Slovo* 29.

chasseurs se concentrèrent en arrière sur les hauteurs au sud-est de Hokeoutaï. Mais de ce moment ces régiments et le 36e tenant Toupao, bien secondés par l'artillerie établie à Hokeoutaï, tinrent comme des murs et *sept* attaques japonaises ne purent les faire reculer. Quand le soir vint à 6 heures, non seulement avec ses seules forces (moins une brigade encore), le général Stackelberg avait maîtrisé l'offensive de Nogi, mais il préparait l'attaque de Soumapou, gros village entouré d'épais murs d'argile, qu'il avait reconnu pour être la clé de cette partie des défenses ennemies.

Quant à la cavalerie, sa division du Sud (Abramov) atteignait dans leur retraite les avant-postes japonais du Houn-Ho ralliés la veille à Kahou-ho et forts de 4 bataillons des 5e et 46e de dépôt et 6 escadrons des 5e et 8e de cavalerie. Les batteries à cheval, par un feu violent, jetèrent le désordre dans la colonne en retraite qu'une charge à fond acheva; on prit 30 hommes, mais presque toute l'infanterie fut sabrée; le reste s'enfuit abandonnant morts, blessés, armes et munitions.

Le gros parvenait à Sieurgou après un combat d'usure soutenu par un petit détachement japonais, et sa présence en ce point déterminait à la fin de la journée la cessation de toute tentative japonaise sur Toupao.

Sans être brillants, ces résultats étaient satisfaisants.

Mais à gauche il n'en était pas de même :

Ce n'est qu'à midi que Lesch rejoignit la gauche de la 14e division à Malandian; il fut aussitôt dirigé sur Tsiout-zianhotze pour attaquer Sandepou du sud-ouest, l'attaque principale de l'ouest étant réservée à la 14e division.

Mais il ne faisait qu'arriver au point initial de son attaque, quand il subit l'assaut furieux de toute une division japonaise constamment renforcée, dont le but visible était de le refouler pour percer entre les Ier et VIIIe corps, à ce moment très engagés tous deux — l'un défensivement, l'autre offensivement. — Lesch tint bon, mais à quatre heures, sa situation fut telle que le général Grippenberg lui dépêcha d'un bloc toute la 2e brigade de chasseurs d'Europe et, une heure après toute la 5e. Cette fois l'équilibre fut rétabli et la menaçante offensive des Japonais fut maîtrisée.

La 14e division lancée tête baissée sur Sandepou, à la Dragomirov, enleva presque tout le village d'un élan, et le général Roussanov avisa le commandant de la IIe armée de la « prise de Sandepou. »

Cet assaut brillant, mais coûtant déjà cher, finit mal : en débouchant de Sandepou, les soldats de la 14e division furent accueillis par des décharges de mitrailleuses à gauche de leur front. En quelques instants, les unités de tête furent presque détruites : c'était un système de trois redoutes établi sur une éminence au nord-est du village et resté silencieux jusque-là, dont les mitrailleuses entraient en action. Ces redoutes étaient à l'épreuve du canon de campagne; elles étaient armées d'obusiers de 12 cm. et précédées de trois zones d'obstacles artificiels! Sans artillerie lourde, il ne fallait pas songer à les emporter. Néanmoins, Roussanov, victime de son annonce prématurée, s'obstina jusqu'à 2 *heures du matin*, mais il dut alors reconnaître qu'il ferait tuer toute sa division sans résultat, et quittant les faubourgs de Sandepou qu'il ne gardait que comme approches contre le reste, il alla reprendre sa position primitive : Malandian-Tchantakouan. Au nord du village, la 15e division se bornait à bombarder Sandepou et occuper Pitaïtze.

Ainsi Sandepou qui devait être attaqué de trois côtés, ne l'avait été que d'un, et la division à laquelle était échu le périlleux honneur de cet unique effort en revenait à tel point épuisée et décimée que le général Grippenberg dut la mettre en réserve à Tchantan et la remplacer en ligne par la 1re brigade de chasseurs : tout ce qui lui restait en réserve!

Néanmoins, jugeant l'ennemi tout aussi épuisé que ses propres troupes, il ne renonça pas à son dessein et prépara la reprise de l'offensive. Tout prouve qu'il avait raison et qu'un appui intelligent eût donné la victoire.

***

Journée du 27 Cessant d'attaquer directement Sandepou, il dirige sur le village le feu des deux seules batteries de mortier qu'il possède (et l'armée en avait 10!) et tend plutôt à l'isoler en pesant sur Soumapou et Tsintchantoun, — tandis que la cavalerie parvenant à Landoungou, achèvera de le couper du gros de l'armée d'Oyama en le prenant à revers. — Ce projet ne fut suivi que de succès partiels, trop décousus pour agir sur le résultat final.

Au nord, Grippenberg ne put donner *l'ordre formel* au Xe corps d'agir contrairement à l'ordre 33; ce ne fut que le lendemain que l'absurdité de demeurer immobile en face d'un simple rideau occupant les retranchements ennemis, quand, derrière, ne cessaient de défiler vers Sandepou d'énormes colonnes, devint si évidente que Tzerpitzki prit sur lui, sans quitter sa position, de détacher quelques colonnes. Par ce qu'elles firent, nous jugerons ce qu'elles auraient pu faire la veille.

Le centre, en face de Sandepou, devant se borner à l'expectative, ne comprit plus que les 1re et 5e brigades de chasseurs et la 15e division. Néanmoins ces forces suffirent à contenir toute la journée les forces ennemies qui s'accumulaient autour du village.

Le grand effort du jour devait se porter sur Soumapou et Stackelberg fut, dans ce but, renforcé de la 2e brigade de chasseurs.

Mais Lesch n'y put participer, retenu par de nouvelles tentatives de percée entre les Ier et VIIIe corps. De plus, ne pouvant fouiller la terre gelée profondément, les chasseurs durent s'avancer à découvert dans la plaine rase contre les murs épais et les zones d'obstacles d'Ertzia, Soumapou, Paotziao; le Ier corps perdit beaucoup de monde et n'obtint rien, sauf à Paotziao, qui fut repris à 2 heures.

Au soir, Stackelberg résolut de recourir au suprême moyen

d'une attaque de nuit, y consacrant la moitié de sa réserve : les 6e et 8e chasseurs d'Europe. Grâce à ceux-ci, l'on put enfin pénétrer dans la partie nord-ouest du village, à minuit et demi; mais toute la nuit les Japonais se défendirent dans la partie sud-est ....

Mitchenko, pendant ce temps, poursuivant toujours les Japonais en retraite de Mamikaï vers l'Est, achevait leur dispersion. A 11 heures, Telischev et la brigade du Caucase parvinrent devant Landoungou sur la route Sandepou-Liao-Yang. Il y avait là une brigade japonaise entière avec son artillerie. Telischev l'attaqua cependant. Au plus fort du combat, une contre-attaque japonaise mit en péril son artillerie; le régiment de Daghestan la dégagea par une charge briliante, mais on dut se borner à conserver le village de Sioutaïtze. En vain il réclama de l'infanterie au Ier corps; Stackelberg fortement engagé contre Soumapou lui répondit lui-même par une demande d'appui. D'autre part, Abramov attendu de Laboutaï ne paraissait pas. Mitchenko replia donc son gros sur Sicurgou, où jusqu'à la nuit il arrêta les Japonais.

Quant à Abramov lui-même, il se laissait amuser par des détachements japonais auxquels il enlevait une compagnie entière à l'ouest de Santaïtze. Mais ce petit succès empêchait l'attaque concentrique de Landoungou.

Jugeant la situation sérieuse mais fort loin d'être désespérée, le général Grippenberg réclama des renforts au commandant en chef. Journée du 28

[1] Kouropatkine 29 et 30 publiées 31; id. 30 publiée le 2 février.
Légations japonaises 29 janvier, et Tokio à *Reuter*, même jour; de Lrstantaï (sic) au *Daily Telegraph*.
Du quartier-général de l'armée de Mandchourie aux journaux russes, 28.
Naudeau au *Journal*.

Celui-ci n'envoya pas de renforts et néanmoins laissa continuer l'action, ce qui peut difficilement se concilier.

En effet, à ce moment les cinq divisions de la IIe armée occupant les retranchements n'avaient pas bougé et il en était de même de la IIIe armée tout entière. Devant cette masse de 150.000 hommes, il ne restait que des rideaux formés de troupes de réserve et de dépôt, car dès le début du combat les trois vieilles divisions d'Oku s'étaient massées sur leur gauche à Sandepou même, et celles de Nozu s'apprêtaient à les suivre.

A Sandepou, il y avait à la vérité près de quatre divisions japonaises, mais les marches qu'elles avaient dû faire par un pied de neige et 23 degrés de froid n'étaient pas pour rendre leur élan plus redoutable — et *l'on ne pouvait plus rien y ajouter sans dégarnir le front du Cha-ho.*

Les Russes, même sans renforts, leur opposaient trois divisions d'Europe, soit 48 bataillons. C'était donc l'égalité parfaite et par-dessus le marché l'artillerie commençait enfin à mordre sur les défenses des villages.

Au Sud, vers Soumapou et Landoungou, Nogi n'avait pu tenir qu'en ajoutant à sa 8e division venue en décembre, et à sa 1re envoyée en janvier, la 9e qui se trouvait à Liao-Yang — mais c'était fini et il ne pouvait plus être renforcé que *du débit journalier du chemin de fer* — tandis qu'il avait devant lui 24 bataillons du Ier corps, 8 de la 2e brigade de chasseurs dont 4 frais (5e, 7e régiments), et 8 de Kosagovski, avec une énorme masse de 72 escadrons.

A l'aube du 28, un violent effort des Japonais de Soumapou, renforcés, chassa les chasseurs de Sibérie, mais, établis sur le plateau au nord du village et renforcés des 5e et 7e chasseurs d'Europe ils demeuraient ensuite inébranlables.

A 10 heures du matin, les trois divisions d'Oku au grand complet étant réunies derrière Sandepou, marchent à l'attaque de Pitaïtze et Tzioutzanhotze. Mais elles n'aboutirent à rien : ces troupes, exténuées par la terrible marche de nuit dans la neige et très éprouvées par le froid, n'avaient pas leur élan habituel; leurs terribles souffrances et de lourdes pertes ne leur firent pas gagner de terrain.

« Notre but n'avait pas été atteint; en conséquence, *j'encourageai* toutes les colonnes à faire des attaques de nuit, » dit le maréchal Oyama.

Cet encouragement était bien nécessaire pour obtenir de ces troupes héroïques un dernier et suprême effort : il fut fait, après une préparation de trois heures sur Hokeoutaï (Pitaïtze était cette fois négligé); les hauteurs au sud du bourg subirent l'attaque concentrique de 4 divisions japonaises (2 de Nogi et 2 d'Oku). Mais ce dernier effort même échoua piteusement : les colonnes d'assaut furent repoussées *avant tout contact, par l'artillerie seule!*

A la nuit du 28 rien n'avait donc changé sur la ligne de combat. Seul Mitchenko n'avait pu garder Sieurgou, enlevé à 10 heures du soir par une brigade de la 9e division japonaise. Par contre, Abramov continuant son tardif mouvement, sortait, à 5 h. 1/2 du soir, de Santaïtze facilement conquis, et parvenait à Laboutaï — enfin.

Il tenait déjà la moitié de ce village quand, à la nuit, l'ordre de retraite lui parvint. Il détacha cependant encore sous le sotnik Mironov une pointe qui put le lendemain faire sauter un remblai au nord de Liao-Yang.

Mais où la journée avait profondément modifié les choses, c'était au Nord. Non seulement la 15e division continuait à tenir Pitaïtze contre lequel la vaine attaque du matin n'avait pas été renouvelée, mais le Xe corps s'était enfin remué : dans l'après-midi, Tzerpitzki lassé de voir défiler des renforts vers Sandepou et de voir se vider les retranchements ennemis devant lui, prit l'initiative, non pas, comme on peut le croire, de lancer son corps à l'attaque, mais d'en *détacher quelques petites colonnes*. Et devant elles tout de suite le rideau japonais s'effondra : Tzinchantoun, Ikouandi puis Siaotaïtze et Labataï tombaient au pouvoir des Russes. *Sandepou était séparé du reste de la ligne retranchée japonaise!*

Le général Kouropatkine connut-il ce succès? Il semble que non, car à 10 h. 1/2, Grippenberg recevait l'ordre formel *de repasser le Houn et de tenir l'armée fortement concentrée, les chasseurs à Tchantan, le Ier corps de Sibérie à Taouanganpou.* Toute autre considération mise à part, à l'heure où il fut donné, cet ordre n'était pas même exécutable, le Ier corps étant le plus engagé.

⁂

Journée du 29. — La retraite

Le Ier corps ayant fini cependant, comme nous l'avons vu, par briser complètement dès minuit ce qui restait d'élan aux Japonais, le général Grippenberg jugea le mouvement prescrit possible et l'ordonna à 2 heures du matin. La retraite du Ier corps eut lieu sans être troublée à travers le Houn plus gelé que jamais (25 degrés la nuit du 28-29). Une arrière-garde *d'une seule brigade* laissée dans Hokeoutaï suffit à contenir les Japonais de 5 heures 1/2 à 9 heures, ce qui donne une triste idée de l'état où ils devaient se trouver. A 9 heures 1/2, elle se retira à son tour et seulement alors les Japonais pénétrèrent « au pas de charge (?) » dans Hokeoutaï parfaitement vide. Le corps des chasseurs ayant, lui, rompu le combat dès 7 heures, se retira sans même que son mouvement fût signalé. Quant aux VIIIe et Xe, ils ne bougèrent pas — sauf que les détachements de ce dernier à Koandi et Siaotaïtze le rejoignirent.

[1] Tokio au *Times* (Rapport Oyama?) 29.
Kouropatkine 29, publiée 1er février, id. 30 publiée 2.

L'après-midi du 29 permit enfin quelque repos aux acteurs de cette sinistre tragédie; l'artillerie seule eut la parole.

Le 30 de même; mais déjà l'on constatait que de part et d'autre les deux armées se retranchaient sur place. Aussi l'après-midi les Japonais essayèrent d'enlever Toutziatchouantze, position gênante pour leurs lignes, avant qu'on pût le retrancher. Sans préparation, ils y jetèrent une colonne, mais elle fut rejetée par le feu, laissant 87 cadavres. Les Russes firent de leur côté, dans le même but, une attaque sur Koandi à 3 heures 1/2, mais ils échouèrent aussi [1].

***

Les résultats pour les Russes étaient pires que nuls : Au lieu de retarder l'arrivée de l'armée de Nogi, ils l'avaient hâtée. Résultats

On rectifiait, si l'on veut, la ligne de défense en la traçant maintenant en ligne droite de Tchantan à Linchipou et l'on débordait légèrement ainsi la gauche japonaise, mais on se privait de la faculté de manœuvrer à droite comme sur le reste de la ligne, et la 2e armée allait désormais, comme les autres, être *collée* littéralement aux avant-postes ennemis.

Quant à l'avantage de déborder quelque peu la gauche japonaise, il était largement compensé par le fait que Tchantan se trouvait « en l'air, » couverte seulement vers l'ouest, par un rideau de cavalerie, et qu'il était impossible de remédier à ce danger, sans allonger une ligne de défense déjà trop longue.

Or, ces rectifications étaient tout ce qu'on gagnait. Pour cela, l'on avait perdu, en officiers, 47 tués, 253 blessés, 48 contusionnés seulement mais évacués, en tout 418 sortis des rangs. Les pertes en hommes n'ont pas été données, mais les Japonais

[1] Tokio au *Times* (rapport Oyama?) 29 soir; id., id. 31; id., id. 1er février. Kouropatkine au Tzar 31 publiée 2 février; id. 3 février publiée 4. Sakhetoun à la *Novoïe Vremia* 2 février.

en enterrèrent 2000 et en prirent 500, disent-ils [1], tandis que les statistiques du service d'évacuation russe accusent le transport à Moukden de 8409 blessés et 2356 malades. Les pertes « en bataille, » auraient donc été de 11.200 hommes, mais beaucoup de malades souffrant sans doute du froid excessif auquel les troupes furent exposées 5 jours durant, le chiffre de 13.000 hommes donné par les journaux anglais n'aurait pour cette fois rien d'exagéré.

Les généraux Mitchenko et Kondratovich atteints respectivement au genou et à l'épaule quittaient leur commandement.

Quant aux Japonais eux-mêmes, ils surent comme toujours envelopper de mystère les pertes qu'ils avaient éprouvées. Un seul chiffre : 7000 [2] est certainement très inférieur à la réalité.

Ils avouent cependant que ce ne fut que par des prodiges d'héroisme et au prix d'incroyables souffrances que leurs renforts parvinrent en ligne à travers la neige épaisse et par un froid mortel. La 8e division fut, paraît-il, particulièrement éprouvée.

Ils perdaient les généraux Matsumara commandant la 1re division, tué, et Tanabe commandant la 1re brigade de la 9e division, grièvement blessé.

En outre, 343 prisonniers japonais défilèrent dans Moukden le 3 février.

La bataille eut une autre conséquence [3]. Furieux de ce qu'il jugeait un « lâchage » de la part du général Kouropatkine, le général Grippenberg, dès que son armée fut en sûreté, la quitta sans explication pour Pétersbourg après avoir télégraphié directement au Tzar. Les journaux s'emparèrent du fait, alimentés par des interwiews du

[1] Légations japonaises, 2 février disent 1200.
Id. 11 id. disent 2000.

[2] Id. 2 id.

[3] Grippenberg au Tzar, 29 publiée 1er février

général et de ses aides-de-camp, et la polémique s'engagea, excessive de part et d'autre. On alla jusqu'à taxer Kouropatkine d'avoir trahi les intérêts de l'armée pour assouvir une rancune personnelle. On annonça gravement son rappel et son remplacement par Grippenberg lui-même....

D'autres le prétendaient « aboulique, » c'est-à-dire privé de volonté par le surmenage intellectuel....

***

Que s'était-il donc passé au centre, pour justifier le rappel de Grippenberg vers le Nord-Est? Appréciations

Citons le *Voenniji Sbornik* :

« Le 25, à 11 heures du soir, un détachement japonais » fait une pointe sur un village sans nom [1]. Il est » repoussé par des feux de salve.

» Le 26. Les Japonais tentent de reprendre aux Okhotnikis » une petite lunette enlevée par eux le 23 au sud de » Cha-ho-pou. Ils échouent. Les avant-postes dirigent une » vive fusillade sur la colline de Khooutkaï et le village » de Youdelatze, tandis que les Japonais tirent sur le » village sans nom.

» Le 27 dans la nuit, on remarque des travaux de » retranchement à Linchipou ; les Okhotnikis de deux régiments » envoyés en reconnaissance sur ce point sont reçus par » une fusillade à 300 sagènes. Pour le reste de la ligne, » les postes ennemis furent plus vigilants, dirigeant le feu » ordinaire contre nos tentatives d'Okhotnikis.

» Le 28. A 7 heures du soir, les Japonais prirent l'offensive » des deux côtés du chemin de fer, puis après une heure » de combat ils furent repoussés par notre feu d'artillerie

[1] Les journaux ont gravement imprimé *Bezimiannoui* qu'ils prenaient pour le nom du village, alors que ce mot veut précisément dire que le village n'en avait pas.

» et de mousqueterie. *Cette attaque avait un caractère démons-
» tratif et pas du tout résolu.* Nous perdîmes 3 tués, 3 officiers
» et 32 hommes blessés.

» L'ennemi s'est en même temps porté en avant sur » la route mandarine contre Sandiatze, mais le résultat » fut le même. »

Il est donc avéré par des documents émanant de l'État Major même, que non seulement les Japonais n'eurent jamais l'idée d'attaquer *sérieusement* le centre russe, mais même que Nozu attendit, pour agir *démonstrativement*, d'être sûr qu'il ne serait pas appelé sur la gauche, certitude que l'on eut du côté japonais, seulement le 28 *au matin*, quand l'exécution de l'ordre de Kouropatkine avait arrêté déjà l'offensive russe.

Donc cet ordre ne peut être justifié par les faits.

Voyons les causes morales. Il reste dans cet ordre d'idées la ressource d'admettre que les souvenirs du Cha-ho obsédaient le général Kouropatkine au point de troubler son exacte appréciation des dangers courus par son centre.

Ou bien, mais cela nous semble invraisemblable, comme nous l'avons dit déjà, il n'aurait jamais eu l'idée même vague de donner une suite quelconque à ce mouvement de 100.000 hommes; il n'en voulait que « des renseignements sur l'aile gauche japonaise » ou « une rectification de front.

Mais, même en admettant cela, devait-il fatalement s'abstenir dans cette résolution pour ce motif seul.

A Wœrth aussi, les Allemands avaient résolu d'ajourner l'offensive, comme le fait judicieusement remarquer « Kouro » de la *Belgique militaire*, mais l'engagement prématuré des deux corps bavarois, bien que plutôt malheureux, ayant montré la voie, ils n'hésitèrent pas à les appuyer avec toute la IIIe armée et bien leur en prit. « Une occasion perdue se » retrouve à la guerre, dit M. Bernet, tandis qu'un principe » violé ne pardonne pas. Or, Kouropatkine ne pouvait profiter

» de l'occasion que Grippenberg se croyait prêt à saisir qu'en » violant le principe qui veut qu'aucune circonstance du champ » de bataille ne remette en cause l'idée stratégique d'où » l'engagement a procédé. »

C'est le pavé de l'ours et vraiment il est difficile de mieux accabler le généralissime, car il est d'une éblouissante lucidité :

1° Que l'occasion dont question était la *dernière*, l'armée de Port-Arthur achevant d'arriver.

2° Que les batailles gagnées en outrageuse violation du principe ci-dessus ne se comptent plus : Wœrth et Spicheren; deux en un seul jour pour ne citer que celles-là.

Aussi, persuadé que la Russie possède dans le général Kouropatkine un de ses meilleurs généraux, nous préférons croire qu'il avait parfaitement l'intention de profiter éventuellement des succès de sa droite et que ce furent les demandes de renfort exagérées du général Grippenberg qui lui firent croire l'affaire complètement manquée à droite, sans possibilité de contrôle vu la distance, tandis que ses souvenirs du Cha-ho l'inquiétaient exagérément pour la sécurité de son centre.

Mais, où nous ne pouvons qu'approuver Monsieur Bernet, c'est dans son appréciation sur le conflit Grippenberg-Kouropatkine : « Que dire de la colère du général Grippenberg, de » son télégramme direct au Tzar, de son refus de communiquer » avec le général Kouropatkine. Il n'y a là que des actes » d'indiscipline si patents que le moins qu'on en dira sera » le mieux. »

Ce fut le jugement du souverain : Arrivé le 16 février, le général Grippenberg fut reçu plutôt froidement, déchargé du commandement de la 2e armée et pourvu d'une fonction équivalant à la retraite.

En tout cas, dès après sa réception, les communications qu'il avait cru devoir faire aux journaux cessèrent comme par enchantement.

Pour nous, contentons-nous de remarquer que si le même jour avait vu Tzerpitzki à Siaotaïtze, comme le 28, et le VIIIe corps à Pitaïtze et Sandepou comme le 26, Stackelberg à Soumapou, comme le 27, en même temps que Mitchenko à Landoungou (26) et Abramov à Laboutaï (28), nul doute que le général Grippenberg n'eût pas eu besoin de renforts....

3. — OPÉRATIONS DE JANVIER DANS LE RAYON MONTAGNEUX ET EN CORÉE

L'hiver allait s'achever dans la Corée du Nord et la Mandchourie montagneuse. Là non plus il n'avait pas apporté de grands changements, mais le peu qu'il y en avait était plutôt favorable aux Russes :

Ils continuaient en Corée à tenir Syong-tjin par 3.600 hommes et 12 pièces ayant comme avant-garde 1.500 cosaques des 6e et 9e de Sibérie à Pouktcheng, d'où continuellement ils battaient la région au nord d'Ham-hung jusqu'à Hong-ouen [1].

Les Japonais ne tentaient rien contre eux, se contentaient de fortifier Ham-hung, même pour limiter leurs courses.

D'autres corps russes (les cosaques de l'Amour, sans doute), établis dans la vallée du Haut-Yalou, la parcouraient impunément jusqu'aux environs de Tchosan, premier poste japonais retranché.

Enfin Madritof, de Kouai-jen au sud de Sinking, où il s'était établi, lançait également des coureurs jusqu'à la Corée, tandis que Rennenkampf demeurait inébranlable à Tsinhotcheng.

1 Hamheung au *Daily Telegraph*, 18. Tokio à *Reuter*, 13.

Le 23 janvier, les Japonais parurent reprendre quelque activité. Ce jour-là quatre attaques furent tentées à nouveau contre les avant-postes précédant Tsinhotcheng par une force japonaise d'une brigade environ. Toutes furent maîtrisées cependant.

Presqu'en même temps : le 24, une colonne japonaise sortie de Tchosan attaquait la fraction de Madritov et Maslov établie dans un défilé sans nom sur la route de Sinking à Tchosan, par Erfoudzian, à 4 verstes sud-est de Kouaijen, la délogea et la mena battant jusqu'à 6 verstes au nord de cette petite ville.

Dès le lendemain, il est vrai, les cosaques à pied du Transbaïkal renforçant l'avant-garde forçaient les assaillants à refaire la route en sens inverse à grande allure, et réoccupaient le défilé; le 26, ils parvenaient à 30 verstes sud de Kouaijen sur la route de Tchosan, et même des cosaques à cheval arrivaient à 65 verstes au sud de la ville sur la route de Picktong.

Le 30, une colonne japonaise de 10 compagnies attaqua de nouveau l'avant-garde de Rennenkampf dans un défilé à 20 verstes sud de Tsinhotcheng, sans doute dans le but de donner un peu d'air à Chienchang serré de trop près. Les avant-postes sont culbutés et le défilé enlevé; mais dès le lendemain deux bataillons russes sous le lieutenant-colonel Idanov font ferme mettant un terme à la retraite; l'après-midi même les Japonais cèdent les environs du défilé, y laissant 39 morts et 8 blessés. Les Russes perdaient 49 hommes.

La nuit du 31 au 1er février, il y eut 31 degrés de froid! Néanmoins au matin la colonne russe continua son offensive, forte de 3 bataillons et 8 pièces avec quelques cosaques, et avant midi les Japonais lui cédaient le défilé après un combat peu opiniâtre. Les Russes s'étonnèrent d'autant plus de cette retraite que d'après les cadavres ils purent constater la présence sur ce point de 3 régiments de réserve, soit au bas mot 6000 hommes de la 9e brigade de réserve.

Une autre colonne de même effectif dirigée en même temps sur Siaosseul put aller jusqu'au Taïtze-ho; les postes japonais appartenant à la 12e brigade de réserve cédaient également devant elle sans résistance obstinée et se retiraient précipitamment, laissant 49 morts.

Le 5 février, dans la vallée même du Taïtze, la pointe d'avant-garde de cette colonne cerne et détruit un poste japonais qui, sauf un seul homme, refusa de se rendre.

Enfin, dans l'après-midi, la marche signalée d'une forte colonne d'infanterie ennemie met un terme à l'expédition qui rentre dans les lignes russes.

Quelques jours après avait lieu le raid plus hardi du lieutenant Hexe. Parti le 13 février de Litchakou, il franchit le Yalou le 14 à Tchakoumeun, et visita la région de Tchosan.

Au retour, il captura au nord-ouest de Tchakoumeun un convoi japonais, mais cerné lui-même de trois côtés par des colonnes volantes, il dut brûler sa prise et ne rejoignit son corps que le 18 par des sentiers de montagne.

Cette exploration hardie apprenait aux Russes la concentration de troupes importantes dans la vallée du Yalou, attirant vivement leur attention dès alors sur leur flanc gauche.

Mais ils ne pouvaient soupçonner l'étendue de la véritable augmentation des forces japonaises dans cette région.

Aux 9e et 12e divisions mixtes opérant dans cette région, on substituait une armée comprenant la 9e mixte, déjà sur place, et les 10e et 11e mixtes venant de Port-Arthur. En outre une ou deux des nouvelles divisions de territoriale (on n'est pas d'accord) descendaient la rive du Yalou pour renforcer Tchosan qui devenait une base d'offensive en liaison avec Saïmaki par Kouan-jen-sien.

L'ensemble de ces 4 (ou 5 divisions) prenait le nom de 5e armée ou armée du Yalou et recevait pour chef le général Kawamura, celui qui, commandant la 10e division, avait donné dès juin sa mesure dans les opérations de montagne Siou-yen et Takouchan vers Haïtcheng.

En même temps, le général Hasegawa, gouverneur de Corée, qui depuis sa nomination voyait passer par ses mains des flots de troupes sans jamais pouvoir les garder, reçevait enfin, à titre définitif, 3 divisions de territoriale portant son effectif total à 4 environ. Ce fut « l'armée de Corée » ou 6e armée.

Le beau temps était donc passé pour les Russes du côté de l'Est, et leurs préoccupations devraient bientôt s'étendre à ce nouveau théâtre d'opérations.

Cependant la désignation presqu'exclusive de troupes de 2e ligne pour cette région difficile tandis que toutes les vieilles divisions de Port-Arthur (1e 7e 8e et 9e) allaient à l'Ouest sauf une (11e), était une indication précieuse, qu'on connut trop tard.

XVII. — Hull

I. — Historique de l'affaire

1. — L'INCIDENT

Le 21 octobre 1904, vers minuit 15, la flottille de chalutiers de Hull, dite « Gamecock » se trouvait sur le banc des Dogres (Doggerbank).

Une division navale russe (c'était le 5e et avant-dernier échelon de l'escadre) passa au sud-est de la flottille, et l'ayant éclairée de ses projecteurs, disparut. Peu de temps après, vers minuit 40, comme une fusée verte venait de donner le signal de la pêche, plusieurs autres grands navires apparurent, ceux-ci au nord-ouest des chalutiers; ils les éclairèrent au moyen de leurs projecteurs puis brusquement ouvrirent le feu.

Les chalutiers n'en souffrirent pas immédiatement, soit que le feu fût mal dirigé, soit qu'ils ne fussent pas visés — au point que la plupart crurent d'abord qu'on tirait à blanc.

Mais lorsqu'après un temps difficile à préciser, mais qui leur sembla long comme bien on pense, les pêcheurs virent les navires les dépasser sans avoir un instant ralenti leur marche, et cesser le feu, ils constatèrent que plusieurs chalutiers étaient touchés. — Le *Crane* notamment commençait à couler; on n'eut que le temps d'en retirer les cadavres du capitaine décapité par un obus et du second; tous ses hommes sauf un étaient plus ou moins atteints et furent recueillis par le *Gull*.

En outre, les *Mino* et *Moulmein* avaient des avaries qui les forcèrent à rentrer à Hull le soir du 23; ils ramenaient 5 hommes atteints grièvement mais non mortellement.

D'autres encore, les *Snipe*, *Gull* et *Majestic* avaient des avaries, mais celles-ci n'étaient sans doute pas graves, car ils continuèrent la campagne de pêche et ne rentrèrent que le 25.

Enfin 13 hommes blessés légèrement restèrent en mer jusqu'au 27 sur le navire-hôpital *Alpha*.

2. — ÉMOTION PREMIÈRE EN ANGLETERRE

La première nouvelle de l'incident parvint à Londres le matin du 23. Sur le moment, la presse anglaise se montra relativement calme. La plupart des journaux déploraient l'incident en termes dignes et s'accordaient à dire qu'il appelait des explications promptes et loyales ainsi qu'une ample réparation aux victimes.

Seul, le *Daily Mail* fausse déjà la situation en ces termes : « Le *drapeau* (?) britannique a été l'objet d'un nouvel » *outrage* (?). Les mesures qu'on doit prendre ne font pas » de doute .... Le ministère de la marine est en bonnes » mains .... etc. »

Quant au *Morning Post*, cet incident comble ses vœux exprimés le 8 octobre. Inutile de dire que son opinion s'en ressent.

Le 24, les actes du Gouvernement répondent à cette modération relative de l'opinion publique : lord Lansdowne télégraphie à sir Hardinge ambassadeur à Pétersbourg, un exposé des faits, suivi d'une demande d'expression de regrets et de promesse d'une réparation. On insistait, paraît-il, sur la nécessité d'une réponse prompte et précise.

3. — RETARD DE LA RÉPONSE. SES EFFETS

Mais la réponse n'arrivait toujours pas : le comte Benckendorf, ambassadeur de Russie à Londres, était en voyage et ne rentra que le 25 au soir. A la station de Victoria, il fut hué.

C'est que, dans cette journée, l'opinion publique s'excitant à vide avait passé de la surprise à l'indignation puis à la colère.

Le 25, les journaux reflètent ce changement :

Le *Times* : « Nous avons les moyens de châtier rapide- » ment les malfaiteurs. Notre escadre de la Manche est » à Gibraltar. »

Daily Mail : « La mesure la plus prudente serait de *rappeler* » *cette escadre* qui, étant donné l'état de ses officiers, ne » sera jamais dangereuse que pour les neutres désarmés. »

C'est ce jour que se clôturait au *Foreign office* l'enquête préliminaire; on ne publia pas les dépositions, mais on en laissa percer assez pour exciter encore l'opinion publique; les Russes, laissait-on dire, avaient laissé sur place un navire qui surveilla les pêcheurs, mais n'aida pas au sauvetage!

Cette fois ce fut du délire; non seulement l'opinion publique anglaise fut tout entière, sans distinction de parti, pour les mesures les plus radicales, mais elle fut soutenue même par un grand nombre de journaux européens. Beaucoup étaient sincères, mais l'exagération même des autres accusait leur russophobie.

Un journal allemand accusait bien la Russie d'avoir voulu provoquer un conflit avec l'Angleterre « parce qu'il serait moins humiliant de succomber dans une lutte contre elle que contre un peuple de race jaune? » Il est vrai qu'il concluait à la démence des gouvernants russes, mais peut-être eût-il bien fait de s'examiner lui-même à ce point de vue spécial.

De ce jour, il n'est plus question de « l'incident de la mer du Nord : » c'est le *North Sea Outrage*, manchette absurde qui déshonorera durant un mois la page centrale de tous les journaux anglais.

Le *Morning Post* du 25 ose imprimer ceci, *alors qu'on ne sait pas encore un mot du rapport des officiers russes, notons-le* :

« Tout navire a le droit de s'emparer d'un vaisseau » pirate, et l'usage est de pendre les pirates à la grande » vergue de leur navire. » Il conclut que tous les officiers ayant participé à l'incident soient révoqués et que **le voyage de l'escadre soit interrompu** (**ce qu'il fallait démontrer**).

La plupart des journaux, à son exemple, insistent pour que la flotte russe soit rappelée, non point, disent-ils, pour préserver Togo, mais « pour assurer la sécurité de la mer » menacée par une flotte que commandent des officiers » forcenés. »

Le *Foreign office* sent que bientôt il sera débordé par l'opinion publique impatiente et lance le communiqué suivant :

« Un membre de l'ambassade de Russie a déclaré qu'on » ne devait pas s'attendre à recevoir aujourd'hui la réponse » à la note anglaise. En effet, l'ambassadeur rentrant » d'Allemagne n'a appris l'incident qu'hier, dans le train. » Il s'est mis dès hier soir à communiquer avec Pétersbourg. » C'est seulement ce matin que le gouvernement russe a pu » examiner la question. »

Mais en même temps paraît un autre communiqué, de l'Amirauté celui-là « à la réception le 24 des nouvelles de » la tragédie de la mer du Nord, l'amirauté a lancé *par » précaution* aux escadres de la Manche, de la Méditerranée

» et des côtes anglaises, les ordres préliminaires à la coopé-
» ration de ces escadres. »

Devant ce déchaînement de mots et de gestes belliqueux, une lettre du Tzar au Roi dont le ton conciliant eut pu l'avant-veille avoir une heureuse influence, reste au second plan et ne produit aucun effet.

Elle déclarait cependant : « que le Tzar bien qu'encore
» sans nouvelles ne peut attribuer l'incident qu'à un mal-
» entendu très regrettable. Qu'il exprime ses regrets pour
» les pertes d'existences survenues et promet de prendre des
» mesures pour donner complète satisfaction aux victimes
» dès que les circonstances de l'affaire seront bien connues. »

Le 26, toujours aucune nouvelle de Rodjestvensky! Il vient cependant d'arriver à Vigo.

Le Roi et le *Foreign office* restent calmes. Mais le Cabinet dont la majorité née de la guerre sud-africaine est agonisante résiste bien mal au courant. Peut-être une seconde guerre plus populaire et moins coûteuse que la première prolongerait-elle son agonie?

Quelle tentation aussi pour une nation qui considère le lancement de tout cuirassé ne portant pas l'*Union Jack* comme une offense personnelle, que de pouvoir ainsi détruire presque sans risque quatre de ces insolents navires!

Ce ne serait pas trop glorieux, il est vrai, mais cette considération n'a jamais pesé beaucoup dans les calculs anglais : Copenhague en est la preuve.

Et ce jour-là : la flotte de la Méditerranée quitte Venise pour Malte, et celle de la Manche se rencontre à Gibraltar dont on met les batteries en armement!

Aussi le 27 au matin, le *Daily Mail* et le *Daily Télégraph* publient en gros caractères un ultimatum que l'Angleterre aurait adressé : « Si aujourd'hui à midi le gouvernement russe
» n'a pas donné réponse et promis de punir les officiers

» coupables et de donner des garanties que l'incident ne se » renouvellera plus, l'escadre de la Manche a l'ordre de » forcer l'escadre russe à rebrousser chemin. »

C'était faux; l'ambassadeur anglais avait seulement insisté sur la nécessité d'avoir réponse avant le grand discours politique que devait faire M. Balfour le 28 à Southampton, mais l'accueil seul qui fut fait à ce ballon d'essai prouve que l'Angleterre était mûre pour les décisions les plus dangereuses.

Dans cette journée du 27, les entrevues se multiplient; deux ont lieu entre l'ambassadeur russe et lord Landsdowne, ministre des affaires étrangères, et celui-ci reçoit encore l'après-midi l'ambassadeur français, Monsieur Cambon, qui vient offrir l'entremise de son gouvernement.

Mais tous ces pourparlers manquent de base ....

Enfin, le soir du 27, le rapport russe est publié.

4. — RAPPORT RODJESTVENSKY ET SES SUITES

Premier télégramme.

« L'incident de la mer du Nord fut provoqué par deux » torpilleurs qui avançaient sur nous, sans feux dans les » ténèbres, se dirigeant sur les bâtiments de tête de la » division. Sitôt que nous eûmes dirigé sur eux les rayons » de nos projecteurs et que nous eûmes ouvert le feu, nous » remarquâmes la présence de plusieurs petits bâtiments » ressemblant à des bateaux de pêche. La division s'efforça » de ne pas tirer sur ces bateaux et le feu cessa » presqu'immédiatement. Alors les torpilleurs disparurent. »

« Les pêcheurs disent qu'un torpilleur russe resta sur » les lieux de l'incident jusqu'au jour, sans chercher à leur » porter secours. Or, la division n'avait pas avec elle de

» torpilleur; en outre, aucun bâtiment russe n'est resté; de » sorte que, si un bâtiment est demeuré près des pêcheurs, » c'est un des deux torpilleurs qui n'a pas été coulé mais a » seulement subi des avaries.

» La division ne chercha pas à porter secours aux pêcheurs, » pensant qu'ils avaient coopéré à l'attaque; leur opiniâtreté » à couper la ligne des bâtiments russes le donnait à » supposer ainsi que le fait que plusieurs n'avaient pas leurs » feux allumés et ne les allumèrent qu'après l'incident.

2e *télégramme.*

» Au cours de son voyage, l'escadre rencontra des cen- » taines de bateaux de pêche auxquels elle évita avec soin » d'occasionner la moindre avarie. Mais, lors de l'incident, » parmi les bateaux se trouvaient deux torpilleurs étrangers, » dont l'un disparut et l'autre, d'après les dires des pêcheurs » eux-mêmes, resta parmi eux jusqu'au matin.

» Croyant que ce torpilleur était russe, les victimes de » l'incident manifestèrent leur mécontentement de ce qu'il » n'eût point cherché à les secourir. Mais en restant, ce » torpilleur s'efforçait de retrouver le second torpilleur dis- » paru ou voulait réparer ses avaries. S'il ne s'est point » approché des pêcheurs qui n'étaient pas ses complices, » c'est qu'il craignait de se faire connaître.

» Au nom de toute mon escadre, je ne puis que » témoigner mes très vifs regrets aux victimes, mais en » pareille occurrence aucun navire de guerre, même en » temps de paix, ne pourrait agir autrement. »

En admettant même que ce fussent de pures affirmations, elles méritaient au moins une enquête contradictoire.

Mais l'opinion et la presse anglaise ne l'entendirent pas ainsi : on tenait une occasion d'humilier l'ennemi séculaire, de lui détruire peut-être une escadre, et sûrement de la retenir assez pour permettre aux chers petits « Japs » d'enlever Port-Arthur avant son arrivée. Et ce beau rêve allait s'envoler en fumée!

Nous renonçons à suivre le débordement d'insanités dont fut l'objet le rapport de l'amiral; tant de colère ne peut être attribué qu'à la déception en perspective qu'il portait dans ses flancs. Cette fois encore, quelques journaux européens emboîtaient le pas : l'un d'eux *Neue freie Presse* déclare le rapport absurde, en se basant surtout sur ce que le Japon s'est montré *jusqu'ici scrupuleux observateur des lois de la guerre!!* Elle oublie Chemulpo, Tchefou, l'usage des uniformes et des cris russes au Cha-ho,...

La journée du 28 octobre devait donc être décisive. Le Conseil des Ministres anglais était convoqué, et le soir M. Balfour devait faire une déclaration de principes dans une importante assemblée politique.

Le sachant, les journaux anglais poussent à des réclamations capables d'empêcher tout accord, comme le *Times* qui réclame d'emblée et sans nouvel examen la *punition des officiers responsables.* Il sent d'ailleurs lui-même si bien l'énormité d'une telle demande, son incompatibilité absolue avec les droits souverains du Gouvernement russe, qu'il explique : « On ne veut en aucune façon humilier la Russie » *plus que ne l'exigent absolument les intérêts de la justice.* »

Heureusement une très haute influence anglaise pesa dans le sens pacifique sur les espérances belliqueuses de certains anglais. En même temps, les ambassadeurs de France Bouteron ff. à Pétersbourg et Cambon à Londres mettaient toutes leurs ressources en action pour persuader aux deux parties de recourir à l'arbitrage.

La France alliée de la Russie et récemment rapprochée de l'Angleterre était admirablement placée pour sauver l'Europe d'une conflagration qui n'eût pas manqué de s'étendre encore. Elle remplit admirablement cette tâche et dès le soir du 28, il était certain que la guerre était tout au moins ajournée.

Sur l'ordre du tzar, le comte Lamsdorff avait télégraphié au comte Benckendorf :

« Sa Majesté veut que la lumière la plus complète soit » faite sur l'incident de la mer du Nord, et propose que la » convention de La Haye soit appliquée au différend. »

L'ambassadeur transmit aussitôt cette dépêche au Conseil des Ministres anglais qui se trouvait en séance et peu après, la proposition était acceptée en principe.

Le soir même M. Balfour déclarait à Southampton :

« Autant que je puisse prévoir l'avenir, la déplorable » tragédie de vendredi dernier n'aboutira pas à l'une de » ces grandes luttes toujours nuisibles au progrès de » l'humanité....

« L'ambassadeur de Russie nous a autorisé à déclarer que » le Gouvernement russe, en recevant la nouvelle de l'inci- » dent, a exprimé ses profonds regrets et le Tzar a télé- » graphié au Roi dans le même sens. Le Gouvernement » russe a promis également la compensation la plus géné- » reuse et a donné l'ordre de retenir à Vigo la partie de » la flotte qui fut mêlée à l'incident. Les officiers respon- » sables et ceux qui peuvent fournir un témoignage utile ne » partiront pas.

» Une enquête va être ouverte et sera confiée d'un » commun accord à la commission internationale telle que » l'établit la convention de La Haye. Toute personne que ce » tribunal aura reconnue coupable sera traduite devant la » justice et recevra un châtiment suffisant. Le Gouverne- » ment russe a manifesté le désir éclairé de voir triompher » dans cette affaire la vérité et l'équité. »

L'opinion en Angleterre fut partagée sur cette solution. Les plus favorables la reçurent avec calme; tels le *Times*, le *Daily Mail*, le *Daily Chronicle*.

Mais le *Morning Post* écume : « Les ressources dont » disposaient nos hommes d'État auraient pu amener un » règlement mieux calculé pour rendre nos concitoyens fiers » de leur drapeau. » De même le *Standard*.

Quant à la presse européenne, elle salua la sagesse des deux parties d'un concert de louanges, et vanta l'heureuse influence de la diplomatie française.

5. — FORMATION DE LA COMMISSION.

Tout danger cependant n'avait pas disparu; soit impossibilité d'enrayer le mécanisme de la mobilisation navale une fois mis en marche, soit dans un but d'intimidation, les ports de guerre anglais continuèrent à faire preuve de la plus grande activité pendant plusieurs jours encore, et l'escadre de la Méditerranée acheva sa concentration à Malte, celle des côtes anglaises à Portland.

Cependant l'amiral Rodjestvensky se trouvait à Vigo depuis le 26 avec sa 6e colonne, tandis que la 4e touchait à Villagarcia le 27 et les 1re-2e (sept torpilleurs) à Tanger. L'escadre ainsi dispersée se trouvait à la merci d'une attaque.

Enfin le 31 octobre les négociations préliminaires aboutirent, grâce à deux entrevues du roi Édouard avec M. Balfour et lord Lansdowne.

Le soir même, un communiqué à Reuter l'annonçait, laissant prévoir que la commission siégerait en France et déclarant qu'on ne discutait plus que la portée de l'enquête et les pouvoirs de la commission.

Aussi le 2 novembre, après avoir débarqué quatre officiers comme témoins éventuels, l'amiral Rodjestvensky prenait la mer pour rejoindre enfin à Tanger le gros de son escadre.

Il n'avait perdu que sept jours! Ce n'était vraiment pas la peine.

Aussi le Gouvernement anglais ne pouvant plus empêcher la marche de l'escadre, d'après les termes de l'accord, dut se borner à la faire surveiller à distance par des navires de guerre. On se demande vainement l'utilité de ce « filage, » à moins qu'il n'eût lieu dans l'espoir secret de renouveler le conflit (?).

En même temps, tandis que la Russie presse les négociations et nomme dès le 2 novembre l'amiral Kaznakoff comme membre de la commission, l'Angleterre retarde la nomination de son envoyé jusqu'au 28 et tente de revenir sur ses concessions, en proposant une rédaction du compromis qui substituerait à la commission *d'enquête*, une commission *judiciaire* pouvant infliger des punitions en dehors des autorités russes.

La presse et notamment le *Times* du 3 excite le gouvernement à cette mauvaise besogne.

Grâce à cette force d'inertie, ce n'est que le 5 novembre que la composition de la commission est arrêtée : quatre amiraux français, russe, anglais, américain en choisissent un cinquième pour les départager. Au cas où l'accord ne pourrait se faire, la désignation de ce cinquième membre appartiendrait à l'Empereur d'Autriche.

Enfin, le 25 novembre, la convention fut signée à Pétersbourg par le comte Lamsdorf et sir Hardinge.

« Les termes définitifs de cet instrument diplomatique ne » diffèrent pas sensiblement des primitifs, dit un commu- » niqué Havas. — La rédaction en est sûrement rendue plus » claire pour éviter de froisser les susceptibilités de la » Russie. — En effet, certaines expressions semblaient pré- » juger tacitement de la culpabilité des officiers russes. — » Les modifications adoptées dissipent toute idée de ce genre » et le texte revisé obtient l'approbation des deux parties. »

L'article 1er réglait, comme nous l'avons vu, la composition

— le 3, la procédure — le 5, le lieu de réunion — le 8, les frais. L'article 2 (le contesté) portait :

« La commission devra faire une enquête et présenter un » rapport sur toutes les circonstances de l'incident de la mer » du Nord et principalement sur *la question* de savoir *quels* » sont les coupables et le degré de *blâme* s'attachant aux » sujets des hautes parties contractantes *ou d'autres puissances.* »

Le 4. « Les hautes parties contractantes s'engagent à » donner à la commission toutes les facilités nécessaires pour » se mettre complètement au courant des faits et les appré- » cier d'une manière correcte. »

Le 7. « Toutes les décisions devront être prises à la » majorité. »

Le 28, la demande d'un amiral américain était faite officiellement à Washington par les ambassadeurs d'Angleterre et de Russie; il semble que le choix fut assez pénible. — Les amiraux Dewey et Chadwick pressentis refusèrent, paraît-il, et le choix tomba sur le contre-amiral Davis, de promotion récente; la nomination fut officielle le 30.

Par suite de ces retards et des longs voyages nécessaires, la Commission ne se réunit qu'à *la fin de décembre*, près de *deux mois après l'événement* — encore ce fut en comité secret.

Grâce à tous ces délais, l'escadre de la Baltique arrivait seulement à Madagascar ayant mis 74 jours pour faire le trajet! Trois jours après, Port-Arthur tombait — et cette chute rendait la tâche de l'escadre tellement difficile, qu'on douta même qu'elle continuât sa marche!

Dès lors, il n'y avait plus lieu de tarder et *le* 19 *janvier* enfin l'Angleterre envoyait à Paris le complément de sa mission et ses témoins.

Et ce ne fut pas avant *le* 26 *janvier* 1905 qu'eut lieu la première séance publique.

II. — La question des torpilleurs.

Lorsque parut le rapport Rodjestvensky, ce fut un tolle général dans la presse russophobe.

« Absurbe invention » *(Times)*, « Conte à dormir debout » *(Étoile)*, furent les expressions les plus mesurées qui furent appliquées à son récit.

L'hypothèse est-elle absurde?

Le fait est que dans le monde entier on avait accueilli sceptiquement les histoires de préparatifs japonais pour détruire l'escadre en cours de route.

C'est trop loin, pensait-on; jamais des torpilleurs ne pourraient venir du Japon en Europe sans être convoyés par un navire plus grand et surtout sans être signalés nulle part.

C'est parfaitement vrai.

Mais on négligeait l'hypothèse d'un équipage japonais *ou autre* prenant livraison en Angleterre de navires provenant des chantiers d'une compagnie privée : Yarrow, Laird, Thomson, Thornycroft, Thorn, Earle, Palmer, Hawthorn, Fairfield, Doxford ou d'autres et les conduisant dans une anse déserte du Nord de l'Ecosse ou de la Norvège, pour guetter le départ de l'escadre.

Où donc est alors l'impossibilité?

A) *La livraison du ou des navires?* Non; l'on a pu voir dans le cas de la *Carolina* qu'il n'en était rien : ce navire acheté comme yacht par M. Sinnett, américain, quitta les chantiers Yarrow avec un équipage anglais, traversa ostensiblement le canal de Kiel, et parvint sans encombre à Libau où, en quelques jours, on en refit le torpilleur qu'elle était en réalité, au plus grand profit de la flotte *russe*.

Ce que M. Sinnett a fait pour les Russes, n'importe qui peut l'avoir fait pour les Japonais!

Les Anglais ont mis, disent-ils, l'embargo sur les torpilleurs en construction en Angleterre pour le Japon. C'est probable, mais les chantiers anglais ne travaillent pas que pour le Japon ; ils sont les fournisseurs attitrés de torpilleurs de toutes les Républiques Sud-Américaines ; ils en ont même fourni à la Russie (Laird notamment), à la Grèce, au Portugal, etc. Rien n'était plus facile que de faire partir un ou deux torpilleurs achevés et de porter au compte de l'un ou de l'autre des clients un ou plusieurs torpilleurs de construction peu avancée.

Mais admettons même que les torpilleurs ne viennent pas d'Angleterre. Ne peuvent-ils venir de « Vulcan » à Stettin, de « Germania » à Kiel, de « Schichau » à Dantzig, de « La Loire » à Nantes, des « Chantiers de la Gironde » ou de la succursale des « Chantiers de la Méditerranée » à Granville ?

B) *Leur arrivée dans un fjord ou un golfe désert sans être signalés.*

Ce n'est pas la distance qui s'y oppose ; n'importe quel torpilleur peut faire le plus long trajet envisagé (de Newcastle aux îles Orkney ou de Dantzig au Buki-Fjord, Bommel-Fjord, etc.) sans renouveler son charbon [1].

Ce n'est pas la difficulté de ne pas être aperçu. Tout le monde sait qu'en mer il existe à côté d'endroits très fréquentés : les bancs de pêche et les routes de mer, des espaces énormes où il ne passe presque jamais de navires ; il suffisait donc de ne pas traverser les bancs, et de ne pas suivre les routes. Ainsi l'on ne pouvait être vu que dans les rares occasions où l'itinéraire recouperait une de ces routes.

---

[1] Les contre-torpilleurs de modèle anglais sont construits pour marcher 4000 milles à 10 nœuds — 2000 milles à 13 nœuds, sans faire de charbon.

c) *Leur séjour dans une anse déserte sans être signalés?*

Les anses de ce genre ne manquent pas sur la côte rocheuse et fort découpée du Nord de l'Écosse, région de population très peu dense. Cependant il eût été difficile d'y faire un séjour de quelque durée sans être signalé. Au contraire, sur la côte ouest de la Norvège, c'est un vrai fourmillement d'îles, de fjords, d'anses, de baies dont les côtes sont à peine habitées, et qu'il est impossible à la petite marine norvégienne de surveiller en tout temps dans tous leurs capricieux contours.

De plus, un grand nombre de ces fjords sont loin de toute communication télégraphique.

On s'explique dès lors sans peine le démenti communiqué le 7 novembre à Havas par le gouvernement de Suède et Norvège avec une bonne foi parfaite, mais une présomption évidente.

« Ni cet été, ni cet automne, aucun bâtiment de guerre » nippon n'a *visité* la Suède et la Norvège — il n'a été » constaté aucun affrètement de bâtiments de pêche pour » torpiller l'escadre — il n'existe aucun service d'espion- » nage à Stockolm ni en aucun autre point des Royaumes. »

Si le gouvernement suédois a voulu dire que la marine nipponne n'a fait aucune *visite officielle aux ports* des royaumes, il a raison. Mais s'il entend parler de *toute arrivée quelconque* de navires japonais ou au service du Japon en un *point quelconque* de ses côtes, il s'avance beaucoup, semblera-t-il, pour les motifs indiqués plus haut.

Quant à la non-existence d'un service d'espionnage, cette affirmation donne la mesure des autres; en effet, la caractéristique de l'espionnage, c'est précisément d'être secret.....

La conclusion qui s'impose donc, c'est que l'entreprise qu'attribuaient à la flotte japonaise un grand nombre de journaux n'était pas *absurde*, qu'elle était même loin d'être *irréalisable*.

Ce fut bien ainsi qu'en jugèrent la Russie, qui donna dès le départ à son escadre l'ordre de faire une attention toute spéciale aux navires qui s'approcheraient d'elle à courte distance, et le Danemark qui fit protéger les navires russes par sa propre marine durant tout leur séjour dans les eaux danoises....

***

Démentis japonais. Hypothèse qui reste si on les admet

Resterait une dernière impossibilité, si l'on peut l'appeler ainsi. Elle résulterait des démentis du Japon.

Ils sont de deux ordres, mais ne sont à proprement parler *officiels* ni l'un ni l'autre.

C'est d'abord un démenti du ministre du Japon à La Haye qui, pris à partie *personnellement* par un journal américain, communiqua « qu'il démentait la nouvelle de New-York » d'après laquelle il aurait organisé une attaque contre » l'escadre russe et que la Russie en fournirait la preuve » par la publication d'un document rédigé par lui. *Il n'a » fait aucune démarche* de ce genre et ne peut expliquer » l'origine de ce bruit. » *(Times*, 7 novembre.)

Ce sont ensuite différents interwiews de M. Hayashi, ministre à Londres. Le plus formel est celui du 6 novembre au *Matin*.

« Je tiens à dire qu'il serait absurde de croire que des » torpilleurs japonais s'y trouvaient (au Dogger Bank) et » je désire ajouter qu'aucun japonais ni aucune personne » au service direct ou indirect du Japon ne se trouvaient » au *Dogger Bank, dans la nuit du* 21 *au* 22 *octobre*. »

Remarquons encore une fois que ce démenti *n'émane pas du gouvernement japonais* et n'engage que son auteur, qu'il n'a trait qu'au Dogger Bank exclusivement et enfin que, la présence des torpilleurs une fois bien prouvée, leur entreprise porterait en elle-même la signature des héros de Chemulpo et de Chefou.

Mais, tenons ce démenti pour officiel, immuable, même après que la fin de la guerre aura permis de lever les masques. Il resterait encore l'hypothèse de torpilleurs, anglais, français, allemands ou hollandais, dont les officiers auraient voulu tout à la fois satisfaire leur curiosité et donner à leurs équipages un exercice de tout premier ordre : la découverte d'une escadre dont la situation exacte est inconnue.... Puis, effrayés des conséquences inattendues, ils auraient gardé le secret.

Nous donnons cette hypothèse pour ce qu'elle vaut. Elle est du *Matin*. Tout le nœud de la question se trouvait dans la preuve à faire de cette présence de torpilleurs.

***

Impossibilité relative d'une preuve matérielle

Une seule *preuve matérielle* eût été possible : c'était de faire renflouer le torpilleur coulé (?) ou tout au moins de retirer de son épave quelques pièces à conviction. Cette entreprise n'offrait pas d'impossibilité *absolue*, le Dogger Bank n'ayant que 20 brasses de fond, mais elle eût été fort coûteuse, les scaphandriers qui consentent à descendre à cette profondeur étant rares, et l'amiral Rodjestvensky ne pouvant affirmer que la *disparition* du torpilleur de tribord, et non sa perte *complète et sur place*.

La commission dut donc se contenter de preuves morales.

***

Déclarations précises des témoins russes

La présence de torpilleurs est tout d'abord indéniable à moins de mettre en question la loyauté ou tout au moins l'expérience navale des trois officiers russes qui se trouvaient de quart au moment de l'incident sur les trois bâtiments ayant tiré.

Leurs affirmations furent en effet absolues et précises sur

ce point. « Il faisait nuit claire de pleine lune, dit le » capitaine Clado (du *Souwaroff*), des nuages la voilaient » par instants, l'horizon demeurant assez pur.

» Un peu avant une heure du matin, j'aperçus par le » bossoir tribord une fusée verte; puis, presqu'immédia- » tement, le timonier et le commandant me firent remarquer » et sur leur indication je pus remarquer moi-même sur » la crête des vagues, à l'horizon, la silhouette d'un *petit* » *bâtiment très bas* au-dessus duquel flottaient des *bandes de* » *fumée*. Un projecteur fut dirigé sur lui, et nos soupçons » furent justifiés. Car bien que ce torpilleur se présentât » en raccourci et que l'éclairage ne fût pas pleinement clair, » on apercevait fort distinctement une forte volute à l'étrave, » puis des *cheminées basses*, *deux au moins* m'a-t-il semblé, » au-dessus desquelles flottaient des *bandes de fumée*. On » ouvre alors le feu à tribord.

» Quelques secondes après, le timonier annonça qu'il voyait » à babord, tout près, un bâtiment que nous avions failli » heurter. Un projecteur fut dirigé sur lui et il apparut » alors que c'était un chalutier à vapeur avec *une seule* » *cheminée étroite et haute*, un rouff en avant de cette cheminée, » et *deux mâts dont celui d'arrière portait une voile très visible*. » A ce moment même, à babord, le projecteur découvrit un » deuxième torpilleur plus rapproché que le premier. En » outre, en même temps, plus loin à babord parut un » rayon de projecteur provenant de la colonne précédente » de l'escadre. Ce rayon était trop éloigné pour atteindre » non seulement notre bord mais même le torpilleur; » cependant comme il traçait une bande lumineuse dans le » sens de l'horizon, le *torpilleur de gauche se détacha clai-* » *rement sur ce fond lumineux*. » C'est alors qu'on ouvre le feu à babord.

Déposition du lieutenant Ellis de l'Alexandre III.

« Vers minuit cinquante apparut à tribord-avant une » lumière *comme un feu ou une gerbe d'étincelles.* Les projec- » teurs furent dirigés sur le feu suspect, et je vis à une » distance d'environ deux milles un *torpilleur marchant à* » *grande vitesse;* on fit feu; un grand nombre de projectiles » éclatèrent près du torpilleur qui, probablement avarié, mit » la barre à tribord et s'éloigna par babord.

» A l'instant où il disparaissait, je vis des bateaux de » pêche, un notamment qui me parut avarié, et sur le pont » duquel il n'y avait pas de marins. »

Déposition du lieutenant Schramtchenko du Borodino.

« Un peu après minuit, comme j'allais me reposer, j'en- » tendis la sonnerie de clairon « attaque de torpilleurs. » » Déjà retentissaient des coups de canon éloignés; à babord » furent aperçues deux fusées : verte puis rouge, à tribord- » avant fut aperçue la silhouette *d'un bâtiment ras sur l'eau* » *et marchant à vive allure* dans les rayons de nos projecteurs » à 15 encâblures environ. Du premier coup, on le reconnut » comme torpilleur et l'on ouvrit le feu sur lui.

» Je ne doutai pas que c'était un torpilleur, car je dis- » tinguai son bordage ras sur l'eau. Toute mon attention » était rivée sur lui. En ma qualité d'officier-torpilleur je me » rendis clairement compte, à la vue, du type caractéristique » du bâtiment. J'estime qu'il avait *deux cheminées;* je ne » puis préciser, car les lames le dissimulaient parfois. *A en* » *juger d'après sa grandeur, c'était un torpilleur d'escadre peint* » *en couleur sombre.*

» Peu après, j'aperçus un vapeur à *une seule cheminée, deux* » *mâts et une voile* qui se trouvait par notre tribord; ce

» vapeur avait dû se trouver dans notre ligne de tir : il n'y » avait personne à son bord. J'en vis un second plus tard » quand le feu eut cessé.

» A babord je vis à 12 encâblures environ, suivant une » route divergente de la nôtre, un second torpilleur qui » s'éloignait, il semblait *de même taille que le premier et » marchait rapidement.* »

Il n'est pas possible d'être plus catégorique; d'ailleurs, le 1er février l'interrogatoire des trois officiers fut décisif. Deux heures durant, Monsieur Pickford, conseiller anglais, tenta de mettre ces officiers en contradiction entre eux ou bien d'en obtenir des déclarations contraires au rapport Rodjestvensky.

Tous persistèrent dans leurs déclarations, confirmant le rapport; ne variant entre eux que quant à la distance des torpilleurs : 18 et 15 encâblures d'après le capitaine Clado, 15 et 12 d'après le lieutenant Schramtchenko. Même, en poussant à fond le capitaine, Monsieur Pickford n'obtint que cette réponse coupant court à toute équivoque :

« La première silhouette était un torpilleur; je l'ai vu » avec ma jumelle de nuit : — la seconde était un chalutier; » je l'ai vu à l'œil nu grâce à la faible distance; — la troi- » sième était un torpilleur; je l'ai vu dans le rayon du » projecteur. »

Une double conclusion s'impose donc, et les commissaires l'ont admise :

1° Les officiers russes ont été pleinement convaincus, qu'ils avaient affaire à des torpilleurs;

2° Ce ne sont pas les chalutiers qu'ils ont pris pour des torpilleurs, car ils les en ont au contraire fort bien distingués.

***

Thèse du tir sur d'autres vaisseaux russes

Restait l'hypothèse d'une erreur dans l'ordre de marche et les signaux de l'escadre, ayant amené certains vaisseaux à tirer sur les autres.

a) Torpilleurs

C'était tentant et dès l'abord, des journaux en suggérèrent l'idée. Malheureusement dès l'arrivée du rapport Rodjestvensky, il fallut y renoncer; il faisait remarquer en effet qu'aucun torpilleur russe n'avait pu se trouver au Dogger Bank, et l'on se rappela, mais un peu tard, que les 7 *contre-torpilleurs seuls partis avaient été signalés en vue de Douvres le 22 à minuit.*

En outre, à l'enquête, la déposition du capitaine du vapeur anglais Zéro, confirmant l'ordre de marche indiqué par les russes, constata qu'il y avait une distance de plus de 100 milles entre le 1er échelon composé des torpilleurs, et le 6e composé des cuirassés qui tirèrent.

b) L'*Aurora*

Mais l'*Aurora* de la division Folkersahm avait reçu quelques coups trop hauts; on pouvait essayer de soutenir que c'était elle qu'on avait prise pour un torpilleur. C'est un navire de 6000 *tonneaux et non* 150, et d'après l'ordre de marche elle était *à* 40 *encâblures au moins et non* 12 *ou* 15; ce serait un peu gros à faire admettre. Mais c'était la seule façon d'échapper si peu que ce fût à la logique des faits....

Les conseillers anglais firent donc venir comme expert le lieutenant-commandant Keans de la marine anglaise qui déclara que, d'après sa longue expérience, les erreurs d'appréciation en mer la nuit étaient souvent énormes; il citait deux exemples, l'un d'un cuirassé la *Dévastation* l'autre d'un croiseur de 11000 tonneaux, la *Doris*, qui furent pris pour des torpilleurs lors de manœuvres navales.

Il fut pourtant forcé de convenir :

1° Que si dans le cas de la *Dévastation* il s'était trouvé près du navire un torpilleur ou chalutier, *toute erreur eût été impossible*. Or, c'était le cas de l'escadre russe qui voyait à la fois les torpilleurs et les chalutiers;

2° Qu'une confusion est impossible, parce qu'en pratique on ne voit *plus du tout* la nuit au delà d'un certain rayon. « Un projecteur fait ressortir un torpilleur à un mille, pas davantage, » avait-il dit en commençant. Les erreurs dont il parlait ne s'appliquaient donc qu'à la découverte au moyen de jumelles par nuit claire dans un rayon de deux milles, *sans projecteurs*.

Cette explication ne tenait donc pas debout, mais c'était la planche de salut de la commission qui s'y cramponna dans son § 14. « Le fait que l'*Aurora* reçut plusieurs pro- » jectiles de 47 et 75^{mm} fait supposer que ce croiseur a pu » provoquer les premiers feux. Cette erreur pouvait être » motivée par une illusion d'optique nocturne. »

L'absurdité de cette thèse sera surabondamment démontrée si l'on remarque :

1° Qu'elle n'explique que les événements de babord; il n'y avait aucun navire russe du côté tribord du *Souvaroff*, et c'est cependant là que le feu commença.... Sur quoi?

2° Qu'elle est incompatible avec la déposition Clado disant « que le deuxième torpilleur, celui de babord fut aperçu *se découpant sur la lumière des projecteurs* de la division Folkersahm. »

Comment confondre alors les navires qui sont à l'origine du foyer lumineux avec celui qui se trouve dans les rayons de ce foyer?

⁂

D'abord remarquons qu'ils ne l'ont pas toujours niée : tant qu'on a pu croire qu'il y avait des torpilleurs russes avec l'escadre, ils en avaient tous vu *avant, pendant et après*

Les chalutiers nient la présence des torpilleurs

la canonnade. Puis, du jour de l'apparition du rapport Rodjestvensky, plus personne n'a rien vu; à ceux qui persistent à se souvenir d'en avoir aperçu on expliquera, de fort belles cartes en main, qu'ils ont dû se tromper.

Le terrain que nous abordons est dangereux, et nous laisserons en conséquence la parole aux témoins eux-mêmes.

⁂

A. Les premières déclarations des pêcheurs admettent les torpilleurs

23 *octobre* : Interview du capitaine du *Moulmein* reproduit par le *Matin* :

« Les pêcheurs... virent à une heure du matin de grands » navires qui s'approchaient à travers un fort brouillard. » Ils regardaient naturellement avec curiosité l'escadre quand » les rayons des projecteurs furent dirigés sur eux. Les » hommes de l'équipage du *Moulmein* aperçurent des navires » *qui avaient l'air de torpilleurs s'approcher d'eux et ils crurent* » *que ces torpilleurs voulaient aborder le* Moulmein. *Mais* » *les torpilleurs s'éloignèrent*. Peu après la canonnade com- » mença.... »

24 *octobre* : Interrogatoire de quelques pêcheurs au *Foreign-office* :

« Les capitaines du *Moulmein* et du *Mino* ont déclaré » *qu'un des navires de guerre russes est resté sur les lieux jusqu'à* » *6 heures du matin* mais n'a point songé à porter secours » aux blessés ni à fournir d'explication. »

2 *novembre* : Enquête du coroner. Interrogatoire de Hartfield du *Mino* :

Un navire est-il revenu près de vous? — Oui, plusieurs heures après la canonnade.

Était-ce un croiseur de guerre? — Oui.

Il a fait deux fois le tour de vous? — Il n'a pas tiré

mais comme il était très près, nous craignions collision. Il ne se servit pas de projecteurs et fit vapeur vers le Sud-Ouest. Il ne fit rien pour nous aider. Il venait du Nord-Est.

Quelle heure était-il? — *Trois heures vingt. Je ne puis l'identifier avec un de ceux vus auparavant. Il suivait les autres.*

19 *novembre* : Enquête maritime anglaise (du *Board of Trade*). Interrogatoire du second du *Kennet* :

A sept heures, le lendemain de l'attaque, il aperçut un navire à une distance de un mille et demi à deux milles, approchant de son bateau. Ce navire avait deux mâts, *deux cheminées* et était *tout noir, sauf* **une cheminée claire** [1]. Il tira un coup sur le *Kennet*, puis resta dans son voisinage sans le héler. Le *Kennet* ne héla pas non plus. Il disparut ensuite vers le Sud-Ouest.

Nous aurons à rapprocher cette déposition de celle du second du vapeur norvégien *Adela*, le pilote Christiansen.

17 *novembre* : Même enquête : Interrogatoire de l'équipage du *Gull* :

Le patron Green : **Après le premier coup de canon,** il vit à tribord une forme noire sans aucun feu et s'écria : c'est un torpilleur. Mais **de suite après**, approchant, il vit que c'était le *Crâne*.

Le maître d'équipage Costelloc aperçut aussi une forme noire et dit à ses camarades : « C'est un torpilleur. » Mais il reconnut plus tard que c'était l'*Alpha* qui avait éteint ses feux.

Le mécanicien Smilke : A entendu son patron crier : « Un torpilleur. » Puis, « non, c'est un chalutier. » Personnellement, il a cru que c'était le *Crâne*.

[1] C'était donc bien un navire maquillé pour sembler, la nuit, *n'avoir qu'une cheminée*, comme les chalutiers.

J.-T. Fletcher du *Forth* a vu, lui, un *grand paquebot à une seule cheminée* le lendemain à 4 heures matin.

Ainsi donc le capitaine du *Moulmein* a vu des torpilleurs *avant* la canonnade.

Ceux du *Moulmein*, du *Mino*, du *Kennet*, un matelot du *Mino* et un du *Forth* ont vu *après* un navire sur la qualification duquel ils ne sont pas d'accord. Enfin, tout l'équipage du *Gull* a vu une forme noire *après le premier coup de canon*, et l'a prise d'abord pour un torpilleur. Il est vrai que leur opinion se modifia, nous allons voir comment; mais ils ne sont pas même d'accord sur l'identité réelle de la « forme noire! »

Qu'on s'étonne après cela que la Russie ait tenté, vainement d'ailleurs, de faire une enquête privée sur place dans le vain espoir de tirer au clair ces histoires embrouillées.

***

B. Le fait que les pêcheurs n'ont rien vu, fût-il établi, ne prouve rien.

Les dépositions des pêcheurs devant la commission internationale n'apportèrent pas plus de lumière.

Le champ qu'elles auraient éclairé eût d'ailleurs été de toute façon très limité comme nous allons en juger.

23 janv., *Beeching*, directeur-gérant de la Société de pêche :

« Votre compagnie a constaté qu'aucun torpilleur n'a joint la flottille? — Oui.

» Comment apprenez-vous à *Hull* qu'un navire étranger l'a joint? — Par le rapport de l'amiral de la flottille et des patrons qui amènent chaque jour le poisson.

» Quand arrive-t-il? — Généralement le matin.

» Alors comment peut-on savoir *heure par heure* s'il n'y a aucun bâtiment étranger dans la flottille? — Il est **impossible** *de le savoir heure par heure.* »

Thomas Carr, amiral de la flottille :

« Le témoin a dit que tous les chalutiers avaient leurs feux réglementaires; pouvait-il les voir tous? — *Non, la majorité seulement.* » Ainsi il ne voyait pas même toute sa propre flottille.

Walter Whelpton, patron du *Mino* :

« Le témoin peut-il affirmer qu'aucun navire étranger n'était parmi les chalutiers? — *Je n'en ai pas vu.*

» Peut-il affirmer qu'il n'y en avait pas? — *Je ne puis affirmer que ce que j'ai vu.* »

J.-T. Fletcher du *Forth* :

Aucun bâtiment étranger ne s'est-il joint à la flottille?

Je suis sûr qu'il n'y en avait pas.

Jusqu'où pouviez-vous voir?

Jusqu'à 3/4 de mille.

Alors comment pouvez-vous dire qu'*il n'y avait pas d'étrangers au delà de ce rayon?*

Je ne sais pas, je n'en ai pas vu.

Enfin, comme couronnement, le capitaine Clado, le 2 février, fait sur interpellation la déclaration suivante qui explique *pourquoi* il est tout simple que les chalutiers n'aient pas vu, pour la plupart, les torpilleurs que les Russes voyaient très bien :

« La hauteur des chalutiers n'est pas assez importante pour » que les pêcheurs puissent voir d'aussi loin que nous- » mêmes; la passerelle d'un chalutier est haute de 7 pieds, » les nôtres de 42. Les pêcheurs *se trouvaient par rapport à* » *nous au parterre et nous étions aux premières loges.* »

Vainement, l'expert Keans, toujours d'après sa longue expérience, vint dire que pour voir loin la nuit il fallait *se placer bas* (!). Il n'obtint qu'un rappel au bon sens, poli, mais ferme, de l'amiral Fournier, qui lui fit observer que dans toutes les marines du monde, de nuit comme de jour, et depuis des temps immémoriaux, on a toujours placé les vigies le plus haut possible.

Donc le fait que les pêcheurs n'ont rien vu ne prouverait rien.

***

Mais certains ont vu et leurs maladroites explications ont fait les délices du public select qui se pressait aux séances de la commission. Nous les livrons sans commentaires.

C. Même devant la commission, ils ne nient pas nettement.

Thomas Carr, amiral :

« Le témoin a dit dans la première enquête qu'il avait vu » lors du passage de nos navires un navire inconnu, qu'il » avait pris pour *un croiseur* et qui était *peut-être un* **chalutier** (!)

» — N'était-ce pas un torpilleur?

» **Je ne peux pas dire ce que c'était**, *mais il y avait à » bord un très grand feu* » (Cfr. avec déposition du lieutenant Ellis).

J.-T. Harnes, maître d'équipage du *Moulmein* :

Il a vu, à 4 heures du matin, un navire ayant ses feux. Il parle d'un navire sans feux qu'il aperçut près du sien pendant la canonnade; ce navire, dit-il, était sûrement un chalutier, mais il le perdit de vue parce qu'il dut changer de direction pour éviter une collision avec le premier navire russe.

Green, patron du *Gull* :

Après la canonnade, j'ai vu un navire sans feu; c'était le *Crâne* auquel j'ai envoyé mon canot parce qu'il allait sombrer....

Le conseiller russe : « A la première enquête vous avez » dit que vous aviez vu un objet noir se diriger tout droit » sur les navires russes et que vous aviez pris cet objet

» pour un torpilleur. Quand l'avez-vous pris pour un » torpilleur ?

» Pendant que les projecteurs nous aveuglaient.

» Pourquoi l'avez-vous pris pour un torpilleur?

» Parce qu'il n'avait pas de feux.

» Et pourquoi avez-vous changé d'opinion?

» Dès que je n'ai plus été ébloui, j'ai reconnu un chalutier.

H. Smirke, mécanicien du *Gull* :

» Pendant la canonnade, j'ai remarqué un chalutier qui » essayait de passer entre deux navires russes; les feux » de ce chalutier se sont éteints. Après la canonnade, » nous avons vu un objet noir. Le capitaine a dit : C'est » un torpilleur. Non, c'est un chalutier sans voile et sans » feux. Puis nous avons aperçu ses signaux : c'était le » *Crâne* que nous avons secouru.

» A l'enquête vous avez dit avoir vu un **objet noir** *pendant* » *la canonnade?* — J'ai vu un chalutier pendant la canonnade. » Puis je l'ai perdu de vue. Ce devait être le *Crâne*.

» Avait-il ses feux alors?

» *Oui, Monsieur.*

Et il l'avait qualifié dans la première enquête d' « objet noir! »

Les conseillers russes le pressent alors de questions, mais il s'obstine dans sa contradiction. Plus moyen de lui faire dire qu'il a vu un *navire sans feux pendant la canonnade.*

Costelloe, du *Gull*, maître d'équipage :

« Le témoin a dit qu'il n'a rien vu d'autre qu'un objet » noir, qui lui a semblé être un torpilleur? — Oui.

» S'est-il aperçu alors que c'était l'*Alpha?* — Je n'ai pu » voir. Il y avait de la fumée.

» Quand *a-t-il entendu dire* que c'était l'*Alpha?*

» **Huit ou neuf jours après.**

» Cependant à l'instruction du *Board of Trade*, on vous » a demandé si c'était l'*Alpha*. — Oui.

» Et vous avez répondu oui.

» J'ai dit *que je n'en étais pas sûr*.

D. » Le témoin a-t-il vu un chalutier sans feux ?

R. » Oui, j'en ai vu un (se reprenant) il avait un feu » rouge (se reprenant encore) et un feu blanc. (!!)

D. » A quel moment portait-il tous ces feux-là ?

R. » Cinq minutes *après la canonnade ;* c'était le *Crâne*.

D. » Le témoin a-t-il vu un chalutier sans aucun feu ?

R. » Le *Crâne* avait *tous* ses feux éteints.

D. » Mais l'autre — l'objet noir ?

R. » Il n'avait pas de feux.

D. » Qui a montré au témoin *la carte de la position des » navires* au Dogger Bank ?

R. » Je ne sais pas le nom de l'homme qui l'a montrée.

D. » Le témoin a vu un objet sombre qu'il a pris pour » un torpilleur. Puis il a pensé que c'était l'*Alpha*. — Pourquoi ?

R. » Parce que je n'ai jamais entendu dire qu'un torpil- » leur fût bâti comme cet objet était construit.

D. » Quel était donc l'aspect de cette masse noire ?

R. » Cela paraissait être l'arrière d'un bateau.

D. » Pourquoi le témoin a-t-il supposé que c'était l'*Alpha ?*

R. » Parce qu'*on a dit que l'Alpha avait éteint ses feux.*

D. » Quand cela ?

R. » *A Hull, avant l'enquête.*

D. » Pourquoi a-t-il supposé que c'était l'*Alpha ?*

R. » Je ne l'ai pas supposé, **je l'ai vu quand on m'a montré la carte.** »

Sur de nouvelles interpellations et la fameuse carte sous les yeux, il affirme avoir distingué l'objet noir au delà de quatre bateaux pourvus de leurs feux — n'avoir pas vu l'objet noir faire un mouvement que le capitaine de l'*Alpha* déclare avoir fait.

Les commissaires russes, en présence de ce fouillis de contradictions, réclamèrent une confrontation de ces trois derniers témoins. Elle eut lieu de suite, mais ne donna rien : Costelloc persiste à dire que l'objet noir était l'*Alpha*, mais ne parvient pas même à montrer son emplacement sur la carte, tous les autres s'entêtent dans leurs dires contradictoires. *M. White* de l'*Alpha*, et *Colmer*, médecin du navire, déposent que réellement ils firent éteindre les feux de l'*Alpha*, dès le début de la canonnade, ce qui remet tout en question.

J. T. Fletcher du Forth (dont nous avons déjà les premières déclarations) :

D. » Le témoin a dit à l'enquête qu'il avait vu un grand » paquebot à quatre heures du matin ; à quelle distance?

R. » Un demi-mille.

D. » De guerre ou marchand?

R. » Il paraissait marchand.

D. » Combien de cheminées?

R. » Je ne puis pas le dire.

D. » A l'enquête, ce témoin a dit qu'il n'y en avait qu'une.

R. » Je peux le répéter; mais je ne puis le jurer.

D. » Avait-il des feux?

R. » Oui, de navire marchand.

Quant au second du *Kennet*, qui déclara dans l'enquête du *Board of Trade* avoir vu le lendemain matin un navire à deux cheminées *dont une noire et une claire*, il ne fut plus interrogé. Il semble qu'il y a lieu de le regretter.

Une seule conclusion ressort de ce fatras, c'est l'impossibilité même d'en tirer une conclusion quelconque pour ou contre la présence de torpilleurs.

Mais dira-t-on, personne n'a réellement *vu* et bien distingué ces torpilleurs que les officiers russes. Or, même Objection en admettant leur conviction, n'ont-ils pas été portés à en accentuer la profondeur par le sentiment de leur responsabilité?

C'est une erreur : de nombreuses personnes dont la responsabilité n'était pas en cause ont vu ces torpilleurs.

Christiansen, second du navire norvégien *Adela*, dépose le 3 février. « J'étais second de l'*Adela* de Christiania allant » de Jersey à Christiania; le 19 oct. à 6 h. 1/4 du matin » dans la Mer du Nord, nous avons vu un torpilleur arrêté » à babord; il avait deux cheminées grises, la coque de » même couleur. A deux pieds au-dessus du pont, les » cheminées avaient un collier. Nous l'avons vu pendant » 3/4 d'heure, car nous allions très lentement. Quand le » capitaine est monté à 7 heures nous en avons causé, » et il dit supposer que ce torpilleur faisait des essais et » prenait des sondages.

» Le lendemain 20, entre 1 et 3 h. du matin, notre vigie » a signalé un navire sans feux; on mit la barre pour » l'éviter; il allait à grande vitesse, n'avait qu'un mât, » mais allait si vite que je ne pus l'observer; je vis » cependant qu'il était très long et bas sur l'eau. Le » commandant m'a dit que ce devait être un autre torpil- » leur. » Ici le témoin donne sa position à ce moment par latitude et longitude.

Sur interpellations, il déclara encore — qu'il a vu le premier torpilleur à un demi ou 3/4 de mille — que ses cheminées étaient basses et larges — qu'il a vu le second par lune claire, *à une encâblure environ* — qu'il laissait sa fumée en arrière — qu'il ne pouvait être un chalutier parce qu'il marchait trop vite — mais qu'il n'a pas vu de canons; — quant aux tubes lance-torpilles, il ne sait même pas ce que c'est.

La déposition du capitaine est remise sur le bureau de la commission, ainsi que le livre de bord du navire, mais il n'en fut pas donné lecture en séance publique.

Christiansen convient qu'il a produit sa déposition, parce que le Gouvernement russe avait fait une annonce sollicitant des témoignages.

2° L'ingénieur hollandais Arnold Kooy, embarqué sur le *Kamtchatka* comme agent de la Compagnie de télégraphie sans fil, les a vus au nombre de deux toujours. Il a *vu* l'un d'eux lancer une torpille.

On n'a pu l'entendre parce qu'il continue le voyage; mais ces détails sont renfermés dans une lettre qu'il écrivit de Tanger à sa famille et que publia le *Telegraaf* d'Amsterdam. Nous y reviendrons.

3° Le baron von Lepel, lieutenant allemand, chargé de la télégraphie sans fil à bord de l'*Orel*, rentra pour cause de santé par le paquebot *Iraouddy*, trop tard malheureusement pour que la commission pût l'entendre.

Interviewé à Suez le 22 février, il déclare :

« C'est justement moi qui ai reçu sur l'*Orel* qui marchait » le dernier des cuirassés le télégramme sans fil du *Kamtchatka*, » annonçant qu'il était attaqué. J'ai pu suivre alors l'échange » de fausses dépêches qui tendaient à obtenir la position » exacte du navire-amiral et qui ont pris fin à la suite d'une » question qui embarrassa l'ennemi et l'obligea à cesser de » nous tromper.

» J'étais sur la passerelle de l'*Orel* au moment de l'accident » et je puis certifier que les bateaux découverts *n'avaient* » *aucun feu* et ne firent aucun signal d'alarme, sauf un » chalutier qui hissa son feu et s'éloigna sans être poursuivi » par les obus.

» Deux au contraire, loin de cesser *leur marche rapide*, » continuèrent hardiment *à se porter en avant*. De la passerelle » de l'*Orel* je vis sans méprise possible que, quand ces » navires furent atteints par l'artillerie russe, il n'y avait

» personne sur le pont. Des pêcheurs n'eussent point manqué » de faire des signaux de détresse pour faire cesser le feu.

Ma conviction absolue est que ces deux navires étaient des torpilleurs masqués résolus à tenter un coup audacieux.

4° Le capitaine Esnol, commandant le *Saint-André* de Caen, vit à son tribord, le 21 oct. à 5 h. 30 du soir, à un demi-mille de Grossand, sur le banc de Yarmouth, à 3 1/2 milles de terre, *un torpilleur à 2 cheminées* qui se maintenait le cap au Sud-Est. — La brume l'empêcha de reconnaître sa nationalité.

Ce pouvait être un garde-pêche (des torpilleurs déclassés anglais sont employés à ce service), et c'est la preuve de ce fait qui aura sans doute empêché de citer ce témoin.

Sinon la présence de ce bâtiment à 100 milles du point où l'incident se produisit et six heures avant celui-ci serait significative.

***

Voilà tout ce que le public connaît de la question des torpilleurs exposé aussi sommairement que possible; — et de cet ensemble il résulte à l'évidence que si la présence des torpilleurs n'est *pas formellement prouvée, rien dans les enquêtes et les documents rendus publics ne permet d'exclure formellement* cette présence.

Il faut donc croire :

Ou bien que ceux des commissaires qui étaient désintéressés dans le débat, furent mûs par le désir d'obtenir la conciliation *quand même* — par la crainte de voir se réaliser les menaces des commissaires anglais et américain, par la pression éhontée que la presse anglaise tenta d'exercer sur eux *jusqu'à la veille même de la lecture du rapport.*

Ou bien, et nous préférons jusqu'à nouvel ordre cette hypothèse, MM. les commissaires eurent sous les yeux des documents décisifs (?) qui ne furent pas rendus publics.

En ce cas, il faut absolument que ces documents soient publiés.

Quoi qu'il en soit, ils aboutirent au sujet de la question des torpilleurs à cette conclusion audacieuse ... et boîteuse.

« Article 13. — La majorité des commissaires *reconnaît* » *qu*'**elle manque d'éléments précis** *pour reconnaître sur quel* » *but ont tiré les vaisseaux.*

» La majorité *étant d'opinion qu'il n'y avait ni parmi les* » *chalutiers ni sur les lieux aucun torpilleur*, l'ouverture du feu » était injustifiable. Le commissaire russe énonce la convic- » tion que c'étaient justement les bâtiments suspects s'ap- » prochant dans un but hostile qui ont provoqué le feu.

» Art. 14. Au sujet du but réel de ce tir, le fait que » l'*Aurora* reçut quelques projectiles de 45 et de 75 mm. serait » de nature à faire supposer que ce croiseur et peut-être » quelqu'autre bâtiment attardé sur la route du *Souvaroff* à » l'insu de ce vaisseau a pu provoquer les premiers feux.

» Cette erreur pouvait être provoquée par le fait que ce » navire vu de l'arrière ne montrait aucune lumière appa- » rente et par une illusion d'optique nocturne. »

II. — Excusabilité de l'ouverture du feu, même en l'absence de torpilleurs.

Confusion avec les chalutiers

Elle était possible car, d'après les dépositions des témoins anglais, cette confusion fut faite par Green, Smirke et Costelloe, du *Gull* — du moment où l'on admet avec eux que leur « objet noir » était ou le *Crâne* ou l'*Alpha*, au choix.

Il y a même des précédents dans la marine anglaise. — *Le Temps* le rappelle, d'après le *Naval annual*, de Brassey, année 1901 :

« La *Minerva* faisant le service d'éclaireur sur la côte Ouest » d'Irlande, tomba au milieu d'une flottille de pêcheurs, dans » les eaux des Skelligs, dans la nuit du 27 juillet. — Les » *prenant pour des torpilleurs*, elle se persuada qu'elle avait

» été torpillée, et loyalement arborant le Blue Peter (signal » convenu des navires hors de combat), elle se rendit tran- » quillement à Milford-Haren pour y attendre la décision des » arbitres.

» Comme aucun torpilleur ne s'était trouvé aux Skelligs, » les arbitres la firent repartir. — Cette action était burlesque » *mais en guerre les croiseurs qui prennent des bateaux de pêche* » *pour des torpilleurs risquent de se créer d'étranges aventures et* » *de jouer le jeu de l'ennemi plutôt que le leur propre.* »

Les Japonais avaient peut-être lu Lord Brassey.

***

Confusion avec l'*Aurora*

Du moment où l'on admet la thèse du commandant Keaus comme l'ont fait les commissaires, le tir à babord est expliqué; il ne reste à trouver que les motifs du tir à tribord qui résulterait alors de la première confusion : celle des chalutiers.

Donc, dans les deux cas, l'ouverture du feu est justifiable puisque, dans les deux cas, on reconnaît qu'on a cru voir des torpilleurs.

Mais il y a plus; dans les conditions où le tir fut ouvert, ce qui étonnerait, c'est que l'amiral Rodjestvensky, ayant charge du dernier espoir naval de la Russie, fût resté inactif. — En effet :

***

Sérieuses inquiétudes au départ

Depuis le moment où le départ de la flotte fut décidé, les navires qui devaient la composer furent l'objet de tentatives mystérieuses de destruction, dont plusieurs réussirent.

En même temps, par bluff ou autrement, tous les journaux qui puisent leurs inspirations au Japon annoncèrent « que l'escadre n'arriverait jamais, qu'elle serait détruite en route, etc., etc. »

Enfin, des informations précises étaient transmises au Gouvernement russe par un Gouvernement ami.

Informations alarmantes

Était-ce l'Allemagne comme le prétendirent des journaux français? Il n'y a jamais eu qu'un démenti officieux de la *Gazette de Cologne*. Était-ce le Danemark? Il n'a pas démenti du tout.

Les commissaires doivent être fixés sur ce point, ayant vu les pièces. Quoi qu'il en soit, ces informations portaient d'abord à plusieurs reprises « que des torpilleurs japonais » étaient cachés dans les fjords de la Norvège, que les » Japonais avaient loué des bateaux de pêche à Hambourg, » à Christiania, à Hull et à Southampton. »

Là-dessus, la Russie prévint les Gouvernements intéressés, mais seuls l'Allemagne et le Danemark prirent des mesures spéciales. La Russie loua elle-même dans les autres de petits vapeurs, dans le but d'organiser une contre-police.

On dit que ces informations étaient intéressées et qu'elles furent faites de *mauvaise foi*. Tout prouve le contraire, car les pays auxquels on les attribue, agirent comme s'ils les croyaient fondées : la police allemande surveilla tous les ports; le Danemark alla plus loin : quand la flotte russe traversa ses eaux, il la fit escorter par ses propres torpilleurs.

Quoi qu'il en soit, ces informations eurent pour résultat immédiat l'ordre donné à l'amiral Rodjestvensky et communiqué à toute la flotte, de prendre les plus grandes précautions *et de ne se laisser approcher à distance de torpille par aucun navire inconnu*.

Voilà où déjà l'on en était lors du départ de l'escadre de Libau. Mais avant le départ du cap Skagen, l'amiral reçut une série de nouvelles envoyées par la contre-police organisée en Norvège. Toutes s'accordaient à dire qu'on avait vu dans un fjord très profond quatre torpilleurs de nationalité inconnue prenant du charbon d'un vapeur. Comme la flotte partait, un dernier message arrivait : *les quatre torpilleurs étaient signalés en marche à l'ouest du cap Skagen.*

C'est alors que l'amiral Rodjestvensky en quittant Skagen avec le dernier groupe, donna l'ordre de *se tenir prêts contre une attaque de torpilleurs.* En conséquence, sur chaque navire on devait maintenir en service un personnel suffisant pour la manœuvre de la petite artillerie à tir rapide, et des projecteurs.

***

Affaires du Kamtchatka et de l'Aldebaran

La marche eut lieu sans encombre tant qu'il fit jour, sauf que l'atelier flottant *Kamtchatka* qui fermait la marche de l'avant-dernier groupe eut une avarie de machine et se laissa distancer par l'*Aurora* et le *Dimitri Donskoi* qui le précédaient.

Deux navires seulement s'étaient approchés à distance dangereuse : le **Skaato**, norvégien, mais dès après le coup de canon de semonce il hissa son pavillon et s'écarta, et le **Sonntag**, chalutier allemand; il hissa son pavillon aussi, mais comme il ne s'éloignait pas, retenu par son filet, on l'encadra dans trois coups à boulet, ce qui le décida à couper son filet pour s'éloigner sans autre avarie.

Mais avec la nuit tout changea : laissons parler les témoins.

Lieutenant Wallrond (du *Kamtchatka*).

« Le 21 octobre, à 6 heures du soir, au coucher du soleil, » les mesures d'usage furent prises pour parer à une attaque » de torpilleurs; à 8 h. 1/2 j'étais sur la passerelle : le chef » de quart me dit qu'il voyait à babord quelques bâtiments. » Le commandant averti m'envoya faire fonctionner les » projecteurs. Je revenais rendre compte qu'ils fonctionnaient » bien quand j'entendis faire feu; sur quoi? Je n'en sais » rien, car comme je m'en informais, je reçus l'ordre de » télégraphier sans fil à l'amiral. Voici ces dépêches.

» *D.* Des torpilleurs nous poursuivent (8 h. 40).

» *R.* Combien de torpilleurs?

» *D.* Je marche tous feux éteints. Suis attaqué de tous côtés.

» *R.* Quelle route suivez-vous?

» *D.* Nous suivons des routes différentes; je tâche d'avoir » les torpilleurs à l'arrière, mais nous ne marchons qu'à » 9 nœuds. Donnez position de l'escadre?

» *R.* Vous devez d'abord vous mettre hors de danger en » changeant votre route vers l'Est. Donnez latitude et » longitude.

» *D.* Latitude nord 56°, longitude 6°55.

» *R.* Voyez-vous toujours des torpilleurs.

» *D.* Tout va bien, nous n'en voyons plus.

» Le feu fut violent durant tout cet échange de télé- » grammes, il ne cessa qu'à 10 heures. »

L'on est porté à regretter que de tous les officiers du *Kamtchatka*, le gouvernement russe ait précisément choisi celui que ses fonctions empêchaient de voir ce qui se passait au large.

Heureusement, nous avons la lettre *Arnold Kooy, émanant d'un ingénieur embarqué sur le même navire et qui vit, lui!*

Nous y avons déjà fait allusion, mais ici nous la donnerons in extenso.

« Après que le *Kamtchatka* eut jeté l'ancre au cap Skagen » pour prendre du charbon, on reçut une dépêche au moyen » de la télégraphie sans fil portant que quatre torpilleurs ache- » tés par les Japonais avaient quitté Fjords (Danemark) *(sic)*. » Le *Kamtchatka* quitta le cap escorté par des croiseurs, » mais la première nuit déjà il fut séparé d'eux à cause » d'une brume intense.

» La seconde nuit, le temps était plus clair et, *peu après » 8 heures du soir,* l'ordre fut donné de se mettre en branle- » bas de combat, parce que des navires à *grande vitesse* » avaient été remarqués.

» Le *Kamtchatka* tira quelques coups de canon pour faire » changer de direction aux navires en question, mais *ceux-ci » au contraire s'approchèrent.* Alors le *Kamtchatka* commença » une canonnade furieuse et malgré cela deux des navires » franchirent la ligne de feu. Cet incident eut lieu près » de Blarandshoek, à 120 milles de la côte. J'ai vu distinc- » tement, au moyen du projecteur, deux torpilleurs qui » n'étaient certainement pas russes. L'un lança une torpille » mais le *Kamtchatka* put l'éviter et il ne fut pas endommagé. » Un torpilleur au contraire ralentit sa course et resta » en arrière. Le deuxième, me dit-on, en lança aussi, mais » cela je n'ai pas vu. Les autres disparurent et je suppose » que ce sont eux qui ont attaqué l'amiral. C'étaient des » torpilleurs japonais, j'en suis sûr, et je les reconnaîtrai » de tout temps. Le *Kamtchatka* avait averti l'amiral.

» Bien que les Anglais le nient, les navires étaient » japonais. Nous savions déjà à Cronstadt où et quand ils » avaient été achetés. »

D'ailleurs toutes les lettres d'officiers concordent : en voici une encore adressée par le baron de F..., du *Kamtchatka*, à sa sœur et qu'analyse le *Matin*.

« Le *Kamtchatka* fermait la marche derrière l'*Aurora* et » le *Dmitri-Donskoï*, il se trouva de plus en plus isolé, par » suite d'avaries de machines. Comme il avait été averti » de se tenir sur le qui-vive, ses canons étaient chargés et » chaque homme à son poste. A sept heures, on aperçut » des lumières suspectes dans la brume; les feux des pro- » jecteurs furent braqués sur ces lumières qui s'éteignirent » aussitôt.

» L'obscurité fut faite également à bord du *Kamtchatka* et » on aperçut alors un bateau *qui prenait l'avance sur le » transport;* les projecteurs ayant été rallumés firent découvrir » un contre-torpilleur à 3 cheminées et 1 mât. Le *Kamt-*

» *chatka* manœuvra pour ne pas présenter son flanc. Le » torpilleur fit le tour du *Kamtchatka* à tribord; à babord » l'on vit alors une lumière et l'on perçut une détonation » comme celle du lancement d'une torpille. Ordre fut donné » de faire feu de toutes les pièces de babord, et le torpilleur » perdit de sa vitesse, comme s'il avait été atteint.

» Le *Kamtchatka*, par télégraphie sans fil, avertit l'escadre » mais ne reçut pas de réponse (?). Le lendemain matin » seulement, le *Kamtchatka* fut avisé que l'*Aurora* avait été » également attaqué et son pope blessé. »

***

La similitude de ces récits est frappante. Leur divergence sur l'*heure* n'est qu'apparente, Koog fixant 8 heures comme début *de la canonnade*, et l'officier russe 7 heures comme début *des inquiétudes*.

D'ailleurs, l'heure est établie par les radio-télégrammes dont les bandes ont été remises à la commission : c'est 8 h. 40 pour la première dépêche.

Ainsi le *Kamtchatka* fut l'objet d'une attaque ... ou d'une aberration, d'une illusion d'optique, puisque MM. les commissaires l'ont déclaré, *absolument identique* à celle du groupe des cuirassés.

Encore fallait-il trouver l'objet de cette illusion, le navire qu'on aurait pu prendre pour un torpilleur.

Ce ne pouvait être ni le *Skaato*, ni le *Sonntag*, car d'après les déclarations de leurs capitaines, c'est *avant le coucher du soleil* qu'ils furent rencontrés *par des navires*, et non par un navire isolé — et il ne fut tiré sur eux que *des coups de semonce*.

Mais il restait l'*Aldebaran* !

Voyons jusqu'à quel point il pouvait expliquer l'incident.

1re *version* : « Le capitaine du vapeur suédois *Aldebaran*, » arrivé à Gèfle le 27, rapporte que vendredi à 10 *heures du soir*,

» étant dans le *Skager-Rack*, il fut poursuivi et éclairé avec des » projecteurs par un navire paraissant être un croiseur russe. » Au bout de quelque temps, ce navire a augmenté sa vitesse, » a passé à côté de l'*Aldebaran* et a tiré sur lui un coup de » canon qui n'a causé aucune avarie. L'*Aldebaran* a alors hissé » son pavillon, mais ne s'est pas arrêté. Le croiseur a de » nouveau dirigé sur lui son projecteur et lui a lancé des » boulets dont aucun n'a porté.

» Le capitaine de l'*Aldebaran* a alors fait stopper et s'est » réfugié dans l'entrepont avec son équipage. Puis le navire » de guerre a disparu dans l'obscurité; l'*Aldebaran* n'a subi » aucun dommage. »

Interrogatoire devant la commission maritime suédoise.

Les deux pilotes, le mécanicien et plusieurs hommes reproduisent la version déjà donnée.

Le capitaine déclare qu'en entendant le *premier coup de canon, il ne crut pas à un coup de semonce, mais à un appel de détresse.*

Sur interpellation, il convient qu'étant dans cette idée, il n'a pas fait donner le signal prescrit par le code des signaux, mais a seulement fait hisser le pavillon.

Le premier pilote dépose dans le même sens. Le second a pris au contraire le coup de canon pour un coup de semonce.

Devant la Commission.

Capitaine Johnson. — « *A 10 du soir*, l'*Aldebaran* ren- » contra un navire de guerre qui *tirait des coups de canon;* » ce navire fit feu tout à coup sur l'*Aldebaran;* les boulets » pleuvaient (?) » (noter que le *Kamtchatka* est un transport à peine armé) « mais aucun n'atteignit le navire; cela » dura un quart d'heure, après quoi le navire s'en fut dans » une direction qu'il ne peut indiquer (on sait pourquoi ...). » L'*Aldebaran* n'eut pas d'avaries. »

Le mécanicien Niels Strauberg confirme de tous points

cette déposition et notamment qu'on entendit le bruit de la canonnade *avant qu'elle ne fût dirigée sur l'Aldebaran.*

Donc aucune similitude entre l'attaque rapportée par le lieutenant Wallrond, prouvée par la série des télégrammes, attestée par les lettres vues plus haut — et l'affaire de l'*Aldebaran.*

La première a lieu à 8 *h.* 40, la seconde à 10 *heures.*

Les navires attaquants *poursuivaient* le *Kamtchatka* — l'*Aldebaran* le *croise,* puisqu'il allait de Hull à Gêfle.

Le tir sur les navires attaquants a eu lieu en plein et les a, paraît-il, atteints — l'*Aldebaran* n'a souffert aucune avarie.

La canonnade *débuta* contre un torpilleur, l'*Aldebaran* est attiré précisément par une canonnade *déjà commencée,* qu'il prend pour des appels de détresse.

Malgré toutes ces incompatibilités, la Commission eut le courage, dans son désir de conciliation, d'admettre quand même une *autre hallucination encore,* à laquelle elle assigna l'*Aldebaran* comme prétexte.

Comme cependant il est impossible d'en faire le premier objectif de la canonnade, en présence des déclarations formelles des témoins suédois, elle suppose, pour les besoins de la cause, « d'autres bateaux restés inconnus. »

C'est ingénieux, mais qui croira que les capitaines de navires réellement avariés auraient gardé le silence, n'auraient pas porté plainte, alors que d'autres se plaignaient simplement d'avoir eu peur ou d'avoir dû cesser leur pêche? Et s'ils avaient été coulés, le *Lloyd* n'eût-il pas signalé leurs noms, la date et le lieu probable de leur perte?

Mais même ainsi, la Commission fut forcée d'y trouver un nouvel argument en faveur de la légitimité des ordres de l'amiral et de l'ouverture du feu.

C'est ce qu'elle reconnaît d'ailleurs.

Art. 5. Le *Kamtchatka* reste en arrière de l'escadre. Ce

retard fut peut-être la cause incidente des événements qui suivirent.

ART. 6. Le *Kamtchatka* canonna l'*Aldebaran et d'autres bateaux restés inconnus,* sans doute par suite des préoccupations que lui causaient dans les circonstances du moment ses avaries, son isolement et son peu de valeur militaire; il informe l'amiral qu'il est attaqué de toutes parts par des torpilleurs.

ART. 7. **L'amiral pouvait croire que ces torpilleurs rattraperaient l'escadre pour l'attaquer.** Il signale de redoubler de vigilance et de s'attendre à une attaque de torpilleurs.

ART. 8. Les ordres sont : les officiers supérieurs sur la passerelle de quart; l'officier chef de quart pourra commander le feu si l'attaque vient de l'avant et, dans le cas contraire, moins pressant, il devra en référer à son commandant.

La majorité de la commission reconnaît que ces ordres *n'avaient rien d'excessif* en temps de guerre, et particulièrement dans les circonstances que l'amiral avait tout lieu de considérer comme *très alarmantes,* dans l'impossibilité où il était de contrôler l'exactitude des *renseignements reçus des agents de son gouvernement* et des télégrammes *sans fil reçus du Kamtchatka.* »

Donc, dans l'esprit de la Commission, l'amiral avait lieu d'être sérieusement alarmé — il avait le droit d'ordonner de tirer sur des torpilleurs — il a pris, lui ou ses sous-ordres, pour des torpilleurs, avec une parfaite bonne foi, divers navires que le rapport énumère dans ses articles 6, 11 et 14.

On s'attend, après ces prémisses, à voir la Commission conclure qu'il est parfaitement excusable....

Pas du tout; *l'ouverture du feu par l'amiral Rodjestvensky, n'était pas justifiable* dit l'article 13, in medio.

Sans commentaires....

III. — Direction du feu.

Whelpton, du *Mino,* déclare que les navires avaient tiré *directement* sur son bateau, et c'est croyable, le *Mino* ayant été touché, bien que non certain. Mais Ac. Fletcher, de l'*Amaropoora,* ayant déclaré la même chose, est obligé de convenir *qu'il n'a pas entendu siffler les projectiles.* Or, comme l'amiral Fournier le fit observer, il faut que le feu s'écarte de vous d'un angle *de 90 degrés,* pour qu'on cesse d'entendre ce sifflement.

Il est d'ailleurs bien concevable que, placé dans une position pareille, chacun se croie visé.

En réalité, voici ce qui s'était passé, d'après la déposition et les interrogatoires du capitaine Clado.

Question (de M. Pickford). L'ordre de tirer indiquait-il une direction spéciale ?

Réponse : Le premier coup partit contre le torpilleur éclairé par le projecteur; l'ordre fut donné aux batteries de tribord de ne tirer que sur ce torpilleur.

Question : La batterie de tribord n'a-t-elle pas tiré?

Réponse : Pas alors; mais quand nous avons vu le second torpilleur.

Et dans la suite de l'interrogatoire, une question particulièrement insidieuse :

Question : Au moment de l'incident, pensiez-vous que la conduite des chalutiers était suspecte ?

Réponse : Personnellement, j'ai pensé que le premier des trois chalutiers que j'ai vus, celui qui s'approcha au point de nous forcer à détourner notre route, pouvait placer une torpille flottante sur notre passage; **ce ne fut pas l'avis de l'amiral** *qui donna un signal avec les fanaux* **pour qu'on ne tirât pas sur les chalutiers.**

Question : Combien de fois ce signal fut-il donné?

Réponse : Une.

Question : A quel moment?

Réponse : Après que le feu avait duré une minute à une minute et demie.

Et voici, d'après sa déposition lue, les ordres donnés ainsi :

« Afin de ne pas tirer sur les chalutiers, nous prîmes les » mesures suivantes : aussitôt qu'un chalutier apparaissait » dans un des rayons des projecteurs du navire amiral, ce » rayon était aussitôt relevé à un angle de 45°. D'autre » part, l'amiral dès le début avait, dès qu'il avait aperçu » les chalutiers, donné le signal de ne pas tirer sur ceux- » ci : les projectiles devaient passer au-dessus de son bord. »

Dans ces conditions, les atteintes subies par les chalutiers s'expliquent ainsi (suite de l'interrogatoire) :

D. Tous les projecteurs fonctionnaient à la fois.

R. Oui.

D. Chacun n'éclairait pas un rayon déterminé.

R. Non, chaque navire surveillait autour de lui.

D. Avez-vous vu un projecteur fixé continuellement sur un des chalutiers?

R. C'était impossible à cause du roulis.

(Dans sa déposition lue, il a dit qu'il était de 5° d'angle.)

D. Le feu dirigé sur un torpilleur peut-il avoir atteint un chalutier?

R. Oui, à cause du roulis.

Malgré ces explications irréfutables, on prétend qu'un membre de la Commission s'avisa de proposer au vote un article déclarant que l'escadre avait *volontairement* tiré sur les pêcheurs (?).

Cette proposition, contraire au désir de conciliation ... et au plus vulgaire bon sens, fut écartée en tout cas. En effet, la Commission enregistre dans son article 12 l'ordre de l'amiral de ne pas tirer sur les chalutiers — et ajoute :

13. « D'après les ordres permanents de l'escadre, l'amiral » indiquait les buts sur lesquels devait être dirigé le tir en » fixant sur eux ses projecteurs. *Mais comme chaque vais-» seau balayait l'horizon en tous sens autour de lui avec ses » projecteurs, pour se garer d'une surprise, il était difficile qu'il » n'y eût pas de confusion.*

14. (Après avoir admis que le but réel à babord aurait été l'*Aurora)* « Dans cette conjecture, certains chalutiers » éloignés auraient pu être confondus ensuite avec les buts » primitifs et ainsi canonnés directement. D'autres, au con-» traire, ont pu être atteints par un tir dirigé sur des buts » plus éloignés. Ces considérations ne sont pas en contra-» diction avec les impressions de certains chalutiers, qui » en se voyant atteints par les obus tandis qu'ils restaient » éclairés dans le pinceau des projecteurs, pouvaient se croire » l'objet d'un tir direct. »

» 15, in fine. Les commissaires se plaisent à reconnaître » *à l'unanimité* que l'amiral Rodjestvensky a fait personnel-» lement tout ce qu'il pouvait, du commencement à la fin, » pour empêcher que les chalutiers, reconnus comme tels, » fussent l'objet du tir de l'escadre. »

IV. — Durée du tir.

Ici encore la thèse des chalutiers et celle des officiers russes étaient en opposition.

20 minutes disent les uns — 9 minutes disent les autres. Voyons qui mérite le plus de confiance.

Interrogatoire de Thomas Carr, amiral de la flottille.

D. « Combien a duré le feu?

R. » De 20 à 25 minutes.

D. » Le témoin a dit à l'enquête du Board of Trade qu'il

» avait duré *un quart d'heure* et à un rédacteur du *Times*, » qu'il avait duré *une demi-heure*. Quel est le vrai chiffre?

R. » C'est celui d'aujourd'hui. — Quand j'ai donné ces » chiffres, je m'étais basé sur le temps qu'on met à déblayer » le poisson.

D. » Alors le témoin se rappelle mieux les faits maintenant que le lendemain de l'incident?

R. » *Yes*.

L'amiral Fournier (conciliant). » Peut-être le témoin a-t-il » regardé sa montre?

» En descendant dans la cale, j'ai vu l'horloge; elle mar» quait 1 heure 5; en remontant, après le feu, elle marquait » 1 heure 35. »

Et voilà un *quatrième* chiffre! En effet, d'après ce calcul, c'est au moins 32 à 33 minutes que la canonnade aurait duré, car il ne descendit pas tout de suite, nous l'allons voir.

D. « Ainsi le témoin avait calculé d'après le poisson » déblayé.

R. » Oui.

D. » Alors, pendant la canonnade, on déblayait le poisson?

R. » *Au commencement, oui; on croyait que les navires » tiraient à blanc*.

D. » Le témoin a dit que les pêcheurs étaient descendus.

R. » Oui, mais seulement quand on a vu que le feu était » sérieux. »

La cause est entendue : chacun sait que jamais on ne trouve le temps plus long que lorsqu'on vous tire dessus sans riposte possible, et cela seul suffit à expliquer les exagérations des pêcheurs.

La déposition Clado est autrement précise :

« Les torpilleurs, dès qu'ils se virent découverts, se sépa» rèrent en directions différentes, celui de tribord vers la » droite, celui de babord vers la gauche.

» D'une façon générale, le feu du *Souvaroff* avait duré

» 3 à 4 minutes seulement à tribord et 5 à 6 à babord. — » *Mais le feu de l'escadre entière du premier coup du* Souvaroff » *au dernier coup du dernier navire*, l'Anadyr, *avait été d'une* » *durée de* **neuf minutes environ** » et, sur interpellation de M. Pickford, le 2 :

D. « Avez-vous vu un torpilleur sombrer?

R. » Je ne puis l'affirmer; je crois que celui de tribord » a sombré; *je n'en suis pas sûr*, mais je sais qu'il a disparu.

D. » Et l'autre?

R. » Je ne sais. — Ce que je crois, c'est qu'il n'a pas dû » être aussi endommagé que le premier. — Dans mon » opinion, *celui-ci a été coulé; mais l'autre a disparu mais je ne* » *crois pas qu'il ait coulé.*

D. » Savez-vous ce qu'ils sont devenus?

R. » Si c'étaient des torpilleurs à nous, je le saurais; mais » *comme ils n'étaient pas à nous, je ne peux pas le savoir.*

D. » Savez-vous ce que c'était que ces torpilleurs?

R. » *J'ai mon opinion faite là-dessus; si vous l'exigez, je vous* » *la donnerai.* »

M. Pickford n'insiste pas ....

La Commission reconnut l'impossibilité de se baser sur les calculs par trop flottants des pêcheurs et son article 13 dit : » Le tir, d'une *durée de* 10 *à* 12 *minutes*, causa de grands » dommages » et le 15 :

« La durée du tir sur *tribord*, même en se plaçant au » point de vue de la version russe, a semblé à la majorité » des commissaires plus longue qu'il ne paraissait nécessaire.

» La majorité estime qu'elle n'est pas suffisamment ren- » seignée au sujet de la continuation du tir sur *babord*.

Cette distinction se base évidemment sur celle que fit le capitaine Clado entre le torpilleur de tribord « probablement coulé » en tout cas « disparu » et celui de babord.

Ici, sans que le but de conciliation fût perdu de vue, la Commission est restée logique et d'accord avec elle-même. — Mais la durée qu'elle juge superflue n'est-elle pas précisément constituée par les trois minutes qu'elle ajoute aux neuf indiquées par le capitaine Clado?

On ne voit pas trop pourquoi cette ajoute; car, ou bien, contre tout bon sens, on admettait comme exacte l'une des évaluations des chalutiers et il fallait le faire alors intégralement, ou bien il fallait accepter celle du capitaine Clado.

Par désir de conciliation, on a pris une moyenne entre la moindre évaluation des pêcheurs (15 minutes : Carr devant le Board of Trade) et les 9 minutes du capitaine Clado.

Dès lors, il s'ensuivait logiquement comme conclusion que le feu avait duré trop longtemps. Mais combien apparaît fragile la base de cette opinion, lorsque l'on se donne la peine de la rechercher!

V. — Départ sans donner de secours ni de nouvelles.

La commission ayant déclaré le tir *injustifiable* devait trouver que l'amiral, n'étant donc pas sous le coup d'une *menace sérieuse*, aurait dû rester sur place et secourir les victimes de ce massacre *inutile*.

Il n'en est rien :

Article 16 : Les commissaires sont unanimes à reconnaître qu'après les circonstances qui ont précédé l'incident et celles qui l'ont produite, il y avait à la fin du tir assez *d'incertitude au sujet du danger que courait l'échelon des vaisseaux*, pour décider l'amiral à continuer sa route.

Toutefois, la majorité des commissaires regrette que l'amiral n'ait pas eu la préoccupation, en franchissant le Pas-de-Calais, d'informer les autorités des puissances maritimes voisines qu'ayant été amené à ouvrir le feu près d'un groupe de chalutiers, ces bateaux de nationalité inconnue avaient besoin de secours.

VI. — Conclusion générale.

Les conclusions partielles de la Commission étaient donc :

1° Il n'y avait pas de torpilleurs et l'ouverture du tir était injustifiable.

2° Cependant, diverses erreurs expliquent l'ouverture du tir que les renseignements alarmants reçus au départ et les ordres donnés en conséquence rendaient inévitable dans les circonstances données.

3° L'amiral Rodjestvensky fit tout le possible pour épargner les chalutiers.

4° La durée du tir fut certainement excessive à tribord et peut-être à babord.

5° L'amiral ne put porter secours aux chalutiers par suite d'inquiétudes légitimes.

La conclusion générale découlant de pareilles prémisses devait être, croit on, *a)* que les sentiments d'humanité de l'amiral demeuraient incontestés; *b)* que sa valeur militaire et la discipline du feu chez ses équipages se trouvaient gravement mis en question.

Il n'en est rien, et c'est la dernière surprise qui vient dérouter à la lecture du rapport :

Article 17 et dernier : « Les commissaires, en mettant fin » à ce rapport déclarent que les appréciations qui s'y trouvent » formulées ne sont pas dans leur esprit de nature à jeter » aucune déconsidération sur *la valeur militaire* ni sur les » sentiments d'humanité de l'amiral Rodjestvensky et du per- » sonnel de son escadre. »

Somme toute, le mot des *Daily News* imprimé le 23 février au sujet du rapport apocryphe qui servit de prétexte aux tentatives de pression des journaux anglais à la veille de la décision, conserve selon nous toute sa valeur en ce qui concerne le rapport authentique :

« Ce rapport, disaient-elles, a été évidemment élaboré dans » l'intérêt de la paix, plutôt que dans l'intérêt de la justice. »

Quiconque eut la patience de suivre pas à pas les débats publics de la commission doit avoir subi cette impression, que modifieraient peut-être (?) les documents non publiés.

Mais qu'est-ce qu'une considération purement spéculative, comme celle de la justice ou de la vérité absolue, quand la dure réalité des faits est tout près d'entrer en ligne sous sa forme la plus redoutable?

Et qui jettera la pierre aux trois amiraux qui pouvant, en quelques mots, déchaîner la guerre, se sont refusés obstinément à le faire? Qui leur reprochera d'avoir fait le maximum de concessions possible et même un peu plus à celle des deux parties qui dès l'abord se montra belliqueuse et qui, savamment, laissa peser des menaces *officieuses* de dénonciation de l'arbitrage et de recours à ses 52 cuirassés *jusqu'à la veille même de la signature du rapport.*

XVI. — Moukden.

I. — Position, force et projets des deux adversaires.

La fonte des neiges avait commencé le 13 février et la température s'élevait rapidement, annonçant un printemps précoce. *A. Russes.*

La grande bataille qui devait être décisive devenait inévitable à bref délai, car les Japonais avaient tout intérêt à la hâter :

1° Pour alléger leurs charges financières;

2° Pour profiter du ralentissement des transports russes durant l'hiver.

Aucun doute ne pouvant s'élever à ce point de vue sur leurs intentions, l'État-Major russe ne voulut pas rester une fois encore à la merci de leur initiative, et dans la troisième semaine de février, il arrêta tout un plan d'offensive.

Jugeant avec raison que la plaine entre Liao et Houn était le point le plus vulnérable et que l'échec précédent sur ce théâtre était dû bien plus au manque de coordination des efforts qu'aux conditions locales ou à l'insuffisance de forces, il résolut de tenter encore une vaste conversion de toute la IIe armée, pour déborder la gauche japonaise. La IIIe armée, cramponnée à ses positions du Cha-ho, devenues formidables, servirait de pivot.

C'était mieux qu'en janvier; mais, renouvelant la faute commise alors, on laissait une fois encore la 1re armée immobile derrière ses retranchements au lieu de lui faire faire une imposante diversion. En conséquence de cette résolution et de l'arrivée de quelques renforts, les positions furent légèrement rectifiées comme suit :

Flanqueurs de droite.

Rennenkampf, remplaçant Mitchenko blessé, vint le 12 février en prendre le commandement. Mais dès le 17 il dut détacher par ordre supérieur la division du Don et la brigade des dragons d'Orel vers le nord pour garder la voie ferrée menacée par les kounkouzes. Déjà la brigade d'Oussouri (dragons de Primorsk et cosaques de l'Oussouri) lui avait été retirée pour rentrer au Ier corps de Sibérie, et la 1re brigade des cosaques d'Orenbourg pour former les cavaleries divisionnaires de la IIe armée.

Le rideau de cavalerie de l'ouest était ainsi réduit des 111 escadrons et sotnias qu'il avait comptés sous Mitchenko à 55 seulement, et cela quand la bataille était imminente ! C'étaient :

Brigade du Caucasse	12 sotnias.	
Div. d'Orenbourg (Grekov) 2e brig.	12 sotnias 1 batterie.	
Div. Oural-Transbaïkal (Abramov).	24 sotnias 2 batteries.	
Brig. Kosogovski (gardes-frontières).	7 sotnias 1 batt.	et 8 bats. (215e et 241e).
	Total : 55 sotnias 4 batt.	8 bataillons.

Ces forces occupaient la ligne Sifantaï (Kosogovski) à Kalayama, mais les avant-postes de l'Oural allaient jusqu'à Oupanyoulou.

Droite : La IIe armée, sous Kaulbars (arrivé le 12 février seulement), Q.-G. à Matouran comprenait :

Le corps des chasseurs (1re, 2e, 5e br. et 4e régt mortier).	24 bat.	13 batt.	3 esc.	(Orenbg)	à Tchantan.
Le VIIIe corps (14e 15e div. au complet).	32 »	12 »	3 »	»	à Tchantaïchi.
Le Xe corps (sauf le 34e régt d'infanterie).	28 »	12 »	6 »	(1er Orenbg)	à Tatchouangho.
Le Ier corps Sib. grossi des 23e, 24e chasseurs.	30 »	8 »	8 »	(Primorsk et Oussouri)	à Tzayentze.
Total :	114 »	45 »	20 »		

Centre : La IIIe armée, sous Bilderling (nommé le 12 février seulement) avait son Q.-G. à Souyatoun et comprenait :

Q.-G. du Ve corps et				
54e d. (215e rempl. par 34e)	16 bat.	6 b.	6 esc. (1e Argoun)	à Taliantoun
61e div. (sauf le 241e)	12 »	6 »		réserve à Tasoudiapou
Q.-G. du X-VIIe corps,				
(3e, 35e div. au complet)	32 »	12 »	12 esc. (dr. Orel)	Linchipou-Lamoutoun
Q.-G. du VIe corps et				
55e div. au complet	16 »	6 »	6 » (10e Orenb)	Cha-ho-pou
72e div. au complet	16 »			Tousiantoun
Total :	92 »	36 »	24	

Gauche : La Ire armée, sous Linievich, avait son Q.-G. à Kouanchan et comprenait :

Q.-G. du Ier corps et				
37e div. (sauf le 146e)	12 bat.	6 batt.		Daisiapou
22e d. (sauf 85e gr. 19e 20e ch. Sib.)	18 »	6 »	6 (2e Verchne)	Poutilov-Novgorod
Q.-G. du IVe corps Sib. et				
2e div. d'inf. de Sib.	16 »	5 »	4 (7e de Sib.)	Eurdagou
3e » » »	16 »	5		Feunkiapou
Q.-G. du IIe corps Sib. :				
1re d. Sib., 17e 18e ch. 5e d'art. ch.	22 »	9 »	2 (7e de Sib.)	Kandolissan
Q.-G. du IIIe corps Sib. :				
3e div. de chas. (sauf le 9e)	9 bat.	4 b.	—	Tchedaouling et
281e 284e (71e d.) 4 batt. de mont.	8 »	4 »	—	Kaotouling
div. de cosaques de Sibérie	—	1 »	18	Ouanfouling
Détacht Est (Alexeiev)				
9e 21e 22e ch. de Sib. 6e art. Sib.	9 »	4 »	2	Sitchoualing
282e 283e avec 2 batt. de mont.	8 »	2 »	—	Taling et
div. de cosaques Transbaïkal.	— »	1 »	18	Tsinhotcheng
Total :	118	45	48	

Flanqueurs de gauche :

Dans la région de Singking opéraient les colonnes mobiles : du G.-M. Maslov : 4 bataillons à pied du Transbaïkal, 1 batterie de montagne du colonel Madritov, 12 sotnias, 1 batterie.

Réserve générale :

Elle devait être constituée par le XVIe corps, qui, à la date du 21 février avait déjà à Houn-ho-pou 24 bataillons 9 batteries.

Le reste (2e brigade, 41e division) ainsi que la 3e brigade de chasseurs d'Europe était attendu incessamment.

Avec les 85e, 146e et les cosaques de l'Amour qui formaient la garde du grand Quartier-Général, et le 5e régiment de mortier, cela donnait un total de

48 bataillons, 4 escadrons, 19 batteries.

Et pour l'ensemble de l'armée, disponible en bataille

384 bataillons, 163 esc., 151 batteries (1162 pièces) [1].

L'effectif est plus difficile à déterminer, car il variait de 400 hommes (certains régiments du IVe corps de Sibérie) à 1000 hommes (régiments arrivant d'Europe), par bataillon.

En attribuant aux unités, comme le fait le major Emmanuel, une moyenne des 2/3 du complet, on arrive au total de 256.000 fusils, 10.800 sabres et 25.000 hommes d'artillerie, soit avec 12 batteries du génie à 600 hommes et l'artillerie de siège, un total de 300.000 combattants environ.

L'effectif-pièces était-il au complet ou réduit aux proportions du personnel? Il est probable qu'il était complet, cet effectif, dépendant moins du personnel proprement dit, que des attelages, dont les Russes ne manquaient pas.

Onze divisions [2] étaient pourvues d'une batterie de 8 mitrailleuses soit 88 mitrailleuses en tout.

[1] Savoir :

136	montées à 8 pièces	1088
7	à cheval à 6 »	42
8	de mortier à 4 pièces	32
151		1162

[2] Savoir les 1er, 3e, 5e, 6e, 7e, 9e de chasseurs, 3e, 9e, 31e, 35e, 22e, 37e division. Les batteries des 14e, 15e divisions formées le 1/13 janvier n'avaient pas rejoint. Celles des 25e, 41e divisions étaient en formation.

***

Donc le 21 février, jour fixé par l'état-major général, l'attaque devait commencer. On se résignait à ne jeter réellement dans la balance que 108.000 hommes environ, à n'en garder en réserve que 30.000 pour appuyer ceux-ci ou parer à l'imprévu.

Le reste, soit plus de la moitié, demeurerait une fois encore immobile.

Tout défectueux que fût ce plan, le début de son exécution devait avoir de bons résultats, car le pis qui pouvait en advenir était l'échec de l'attaque, mais il n'en serait pas moins resté dans la plaine entre Houn et Liao, point vraiment vulnérable, cette force manœuvrante et non pas collée à des retranchements qui devait manquer dans toute la première phase de la bataille. La précipitation de l'offensive japonaise ne le permit pas.

Leur plan était fait depuis longtemps : l'objectif n'était rien moins que l'enveloppement complet de l'armée russe en la débordant par les deux ailes. B. *Japonais.*

Une supériorité numérique que la chute de Port-Arthur rendait désormais sans recours leur permettait cette ambition. Les marches qu'exigeait la préparation de ce mouvement, ils les avaient fait exécuter sans rien attendre, malgré les rigueurs de l'hiver, afin de profiter du premier jour où le relèvement de la température permettrait l'offensive.

Or, le 18 février, la neige fondit dans les vallées et dans la plaine. En même temps, la 11e division partie de Port-Arthur à la mi-janvier, parvenait à Chien-chang après 25 étapes terribles dans les neiges. Le jour même, le signal tant attendu fut donné.

L'armée japonaise était répartie comme suit :

Extrême gauche : La IIIe armée (Nogi) après Sandepou

avait replié sur Siaopeïho les unités engagées, y avait reçu celles arrivant encore de Port-Arthur.

Elle était couverte par la 1re brigade de cavalerie dans la vallée du Houn à Tchitaïtze, la 2e dans la vallée du Liao à Taouan.

Ces brigades appuyées d'infanterie en arrière, éclairées en avant par des espions chinois, et se tenant en relations avec les bandes kounkouzes opérant sur la rive droite du Liao, formaient un rideau impénétrable aux reconnaissances russes.

Sous leur protection se forma à Siaopeïho, une véritable armée de choc, à laquelle on réservait des opérations décisives, et qui ne comprenait à peu près que des troupes actives, c'étaient

la 1re division avec sa brigade de réserve au complet	20 bat.	4 esc.	9 batt.
la 7e division avec l'artillerie de sa brigade de réserve seulement	12 »	4 »	9 »
la 9e division id.	12 »	4 »	9 »
les 2 brigades de cavalerie	—	24 »	2 »
la 2e brigade d'artillerie lourde avec un groupe de réserve	—	—	20 »
	44	36	49

Gauche : La IIe armée (Oku) continuait à tenir Hokéoutaï, Sandepou, Lidiantoun par les 8e, 5e et 4e divisions au complet.

8e division, avec brigade de réserve	20	4	9
5e id.	20	4	9
4e id.	20	4	9
	60	12	27

Centre : La IVe armée (Nozu) continuait à tenir Tchanlianpou, Patiatze, Koudiatze par les 6e, 10e divisions et la division coloniale (Okubo II).

6e division avec brigade de réserve	20	4	9
10e id.	20	4	9
Division coloniale avec 11e brigade de réserve	20	3	7
	60	11	25

Droite : la Ire armée (Kuroki).

Garde avec brigade de réserve	20	4	9
2e division »	20	4	9
12e division »	20	4	9
Groupe spécial d'artil.(réserve de la 1re brigade)	—	—	4
	60	12	31

Extrême droite : la Ve armée (Kamamura) achevait sa concentration sur Chien-chang. Elle avait déjà la 11e division, les brigades ex-territoriales des 4e et 9e divisions et attendait celles des 3e et 10e divisions.

11e division	12	3	6
Brigade ex-territoriale n° 4	8	1	4
» n° 9	8	1	4
» n° 3 [1]	8	1	4
» n° 10	8	1	4
	44	7	22

Réserve : Elle était concentrée à Yentaï et comprenait :

3e division	12	4	9
Brigades de réserve des 3e, 7e, 9e div^ons^ sans art.	24	—	—
1re brigade d'artillerie lourde	—	—	18
	36	4	27

Soit un total de 304 bataillons, 82 escadrons, 181 batteries (1086 pièces), outre environ 200 mitrailleuses.

Ces forces déchargées de tout service d'arrière et sans cesse tenues au complet par les bataillons de dépôt amenés dans la Mandchourie maritime présentaient donc 304.000 fusils, 12.300 sabres et 32.000 hommes d'artillerie avec 1286 canons et mitrailleuses.

[1] Deux de ces brigades exterritoriales ne participèrent pas à la bataille proprement dite : elles étaient en marche de Kouai-jen contre Sin-king qu'elles occupèrent le 13 mars. Mais ayant compté Madritov et Masslov auxquels elles eurent affaire, nous devions les compter aussi, contrairement à ce que fait Emmanuel.

Avec 13.000 hommes des 13 bat. du génie, et 10.000 d'artillerie de place, elles donnaient un effectif total de 371.000 hommes, auxquels il faut ajouter pour mémoire 10.000 Kounkouzes au moins si l'on veut approcher de la réalité.

La supériorité numérique des Japonais n'était donc que 3,8 contre 3. Elle eût été facilement accrue au moyen de l'énorme masse de bataillons de dépôt concentrés à Fenghoan-chang, Liao-Yang, vieux Niewchouang et sur la côte, et en équipant, pour les soutenir, en batteries de montagne, des fractions de l'artillerie de siège inutile depuis la chute de Port-Arthur.

Mais l'état-major japonais préférait, avec raison, se contenter d'une supériorité légère, pour ne mettre en ligne que des unités sur lesquelles il pût compter sans réserve.

Cela devait l'obliger à jouer plus serré — à ne laisser au hasard que la part stricte qu'il n'est pas possible de lui retirer. — Il le fit. Le mouvement tournant considéré comme décisif était celui de Nogi ; or il était aussi le plus périlleux, puisqu'il comportait une marche prêtant le flanc à la IIe armée russe et il devait trouver devant lui les réserves ennemies qu'on savait derrière cette aile ; il fallait à tout prix attirer ces réserves ailleurs. C'est pourquoi l'offensive dut débuter par la Ve armée, à l'extrême droite, et se prolonger de jour en jour vers la gauche où Nogi lui-même enfin parvenu en ligne dans l'entretemps, prononcerait alors son attaque de flanc.

C'est ainsi que la 11e division parvenue à Chien-chang le 18, dut en repartir *sans repos* le 19.

Le 20, veille du jour marqué par les Russes pour leur offensive, elle parvenait devant Tsinhocheng et la bataille commençait.

II. — Premières opérations des Ire et Ve armées japonaises et leurs conséquences (20 au 24 février) [1].

(Carte n° 6, Tome II.)

Le 19, la division de réserve prit la route de Tita [2]; étonnée de ne pas la trouver défendue, elle craignit un piège et s'arrêta à Tchoukiapao où elle passa la nuit sans feux. Mais on apprit des espions que les Russes étaient retranchés à Tsindouyoui. A l'aube on y fut; les retranchements arrêtèrent bien une première attaque de front, mais on les tourna des deux côtés à la fois. Les Russes n'ayant là que 3 bataillons contre 16 et sans doute surpris ne firent presque pas de résistance et se replièrent sur la passe Sitchouan perdant 77 hommes.

En même temps, la colonne mobile de Maslov tentait d'arriver sur les derrières de la division, mais ne pouvait dépasser Tapingtouchan, et, son coup manqué, se retirait les jours suivants sur Sin-king [3].

La division de réserve ne poursuivit pas, attendant le succès de la 11e; celle-ci passa le Taïtze le 19 et se porta le 20 à Houkialing.

[1] Sources générales : Lettres Braccini ou *Corriere della Sera*.
Tokio aux Légations japonaises, 28.
Grand rapport sur les opérations de la Ve armée publié à Tokio, 14 mars.

[2] La « route » de Tita est un affreux sentier, non marqué sur notre carte n° 6.

Venant de Chien-chan, il traverse le mont Taling parallèlement à la route de Tsinhocheng à Makiantien, à 12 kilomètres à l'est de celle-ci et aboutit à Tamo-Kouchan. Tita est une bourgade à 7 kilomètres au sud-est du Foutzeling, sur ce sentier. Tsindouyoui est un carrefour de ce sentier avec celui Tsinhocheng à Yaokiatien.

[3] Kouropatkine au tzar, 20. — De *Kouantchan* à Reuter, 22. — Tzinhotcheng *Reuss*, au 21.

Le 21, elle canonna la position russe de Tsinhot-cheng (colline Berezner) mais soit la force de cette position, que les soldats appelaient « Petit Port-Arthur », soit l'horrible fatigue des troupes, l'assaut n'eut pas lieu. Cette attente enhardit les Russes, et le 22 au matin, après une violente préparation d'artillerie, ils jetèrent 3 bataillons de chasseurs sibériens sur l'extrême droite de la 11e division. Celle-ci, aidée des feux flanquants du centre, repoussa l'attaque, mais c'était encore une journée perdue.

Enfin, le 23, l'assaut fut donné au milieu d'une tempête de neige à demi fondue; les Russes du 283e l'attendirent jusqu'à 400 m.; mais alors leur feu l'arrêta net : la colonne d'assaut dut se coucher sur place. Une attaque de nuit n'eut pas plus de succès [1].

Alors on résolut de recourir aux procédés de Port-Arthur : un détachement du génie muni de grenades partit seul le 24 au matin, parvint audacieusement à la première ligne de tranchées, et par le seul effet de son arme horrible encore inconnue aux Russes de l'armée de campagne, il fit évacuer cet ouvrage. En même temps on entretenait un feu violent sur les autres pour empêcher l'ennemi d'en sortir.

Cependant l'attaque d'infanterie qui suivit échoua devant une résistance opiniâtre : on en vint jusqu'à la baïonnette, mais les Japonais restaient en possession de la première tranchée et lorsqu'à 1 heure 1/2 ils recommencèrent à jeter des grenades, l'ordre de retraite sur le Taling fut donné.

Tsinhocheng fut brûlé; on y laissait 3 mitrailleuses et 203 morts; on emmenait 302 blessés [2].

On ne sait rien des pertes japonaises, mais les rapports russes rangent ces assauts parmi les plus sanglants de la campagne.

Enfin, pour appuyer cette offensive, la Ire armée (Kuroki) avait acheminé la 2e division en deux colonnes vers le Nord-Est.

[1] Sakharov au tzar, 24; — idem, 25; — Kouropatkine au tzar, 25; — id. 25.
[2] Armée de Kuroki à Reuter, 28.

Le 24 au matin, elles repliaient les avant-postes russes sur la ligne Tchaosouantsiai-Yaotintze.

***

Cette offensive résolue et semblant générale, dans la région de l'Est fut un coup terrible pour l'état-major russe qu'elle bouleversa.

La perte de Tsinhocheng surtout l'atterra, car c'était en ce point qu'il avait accumulé les moyens de résistance, et, d'après lui, les forces japonaises qui en avaient eu raison auraient beau jeu contre le Taling. Il les vit déjà marchant sur Fouchoun et Moukden et crut que seul un puissant renfort pourrait les arrêter.

C'était vrai, mais comme l'événement le prouva, il suffisait de rendre les 23e et 24e chasseurs de Sibérie à leur corps pour rétablir l'égalité numérique à l'Est, à condition, bien entendu, de persister dans l'offensive projetée sur tout le reste du front.

Sous l'empire de ses craintes excessives, le Gal Kouropatkine lança tout au contraire le 24 au soir l'ordre suivant :

« 1. L'ordre d'attaque de la IIe armée sur Sandepou-Lidiantoun est ajourné.

» 2. Le Ier corps de Sibérie avec la brigade du IIIe, rompra dans la nuit du 24-25 de Tayentze et se rendra derrière le front en passant au Sud de Moukden à Chihuicheng.

» 3. La 72e division se joindra à lui le 25.

» 4. Le général Linevich dirigera l'ensemble des opérations de l'aile gauche.

» 5. Le général Rennenkampf remettra le commandement du corps du flanc Ouest et reprendra le commandement de celui de l'Est. »

Cet ordre contenait en germe tout le désastre : ce transfert de l'Ouest à l'Est sur 65 kilomètres du seul corps ayant liberté de manœuvre qui pût gêner Nogi, dépassa certainement l'espoir que les Japonais fondaient sur l'offensive de leur droite.

Pour comble, la cavalerie de l'Ouest, si nécessaire et déjà si réduite, recevait à la veille de l'action un chef intérimaire (ce fut le général Grekov).

III. — L'offensive continue à l'Est. Marche de Nogi (25 au 28 février).

Après un jour de repos, la Ve armée japonaise reprit son offensive et, le 25 à midi, la 11e division attaqua le Taling. Beaucoup moins fortifiée que Tsinhot-cheng, cette position semblait peu redoutable, mais elle aussi coûta cher : en effet, les pentes étaient couvertes de verglas, et tous les efforts pour les gravir échouèrent avec de fortes pertes.

Au soir, on n'avait rien gagné; la nuit fut terrible : il y eut des morts par congélation, et notamment presque tous les blessés de la veille. Un nouvel assaut dans les ténèbres échoua, mais deux petits détachements avaient dans l'entretemps réussi à tourner le Taling par la montagne au Nord-Est.

Au matin du 26, les Russes, voyant leur retraite menacée, évacuèrent la passe se retirant sur Makiantien (Matsiandian), tandis que leur détachement de Tita continuait à céder lentement le terrain à la division de réserve [1].

Les Japonais les suivaient, mais dans ces montagnes abruptes et neigeuses où il y avait la nuit jusqu'à 22 degrés de froid, ils ne purent faire plus de 10 kilom. par jour.

Aussi quand le 28 ils parvinrent devant Makiantien et Koudiatze, ils y trouvèrent les troupes qu'ils poursuivaient déjà renforcées des 23e et 24e chasseurs et ralliées par l'énergique Rennenkampf.

[1] Kouropatkine au Tzar, 27; id., 28.

A la I[e] armée l'offensive se généralisa : Ire armée.

La 2e division prononça, le 26, une attaque résolue sur le Kaotouling. Elle échoue et subit en outre sur son flanc droit une contre-attaque fournie par Baumgarten à la tête des cosaques de Sibérie (2 batteries, 15 escadrons [1]). Pour y faire face, elle détache, le 27, une de ses trois brigades, sur Sekorei [2]. Ce mouvement arrête Baumgarten après un combat indécis, mais la 2e division, affaiblie de ce chef, échoue dans une nouvelle attaque du Kaotouling ; cinq furieux assauts, le 28, ne lui laissent aux mains qu'un ouvrage avancé détruit et rendu intenable par le feu des autres.

Le 26, la garde et la 12e division s'ébranlèrent à leur tour. Dès l'aube, la garde enlève malgré la résistance du régiment de Semipalatinsk trois hameaux au Nord du Ouaitochan [3], mais elle n'en peut déboucher, doit se borner, le 27, à bombarder la position russe. La nuit du 27 même, une contre-attaque rend aux Russes les hameaux perdus. La 12e division n'a pas plus de succès contre Kandolissan le 28 ; tout son effort aboutit à l'enlèvement de l'avant-poste russe dans la fabrique de Kanchen.

Sur le front de la IVe armée, le feu d'artillerie intermittent qui n'avait jamais cessé se change de part et d'autre en bombardement à dater du 27. Toutes les grosses pièces de siège donnent à la fois [4] et le sol en tremble, mais les deux armées sont si bien terrées que le dégât n'est pas grand. IVe armée.

Le 28, des fractions du XVIIe corps russe se jettent sur les avant-postes japonais des deux côtés du chemin de fer entre Linchipou et Lamoutoun.

Elles réussirent à se loger dans un petit bois en face du pont du chemin de fer, puis en sont chassées à midi par les Japonais.

[1] Kouropatkine au Tzar, 26; id., 28.
[2] Sekorei dans la montagne à 3 kil. sud-est du Kaotouling.
[3] L'armée de Kuroki à Reuter, 2 mars; id. à Havas.
[4] Kouropatkine au Tzar, 28.

Puis, jusqu'à la nuit, le bois passe de mains en mains sans que le combat se généralise. Au matin, les Russes se retirent.

IIe armée. Ne fait pas un mouvement, se contentant de repousser les habituelles tracasseries des Okhotniki.

Carte 6.

IIIe armée. Mais la IIIe armée, dans ces quelques jours, a heureusement opéré son délicat mouvement.

Il mérite d'être étudié.

L'armée s'ébranla, le 26, derrière son rideau de cavalerie en quatre colonnes, savoir de l'Ouest à l'Est, la 1re, la 7e division, la brigade de réserve, la 9e division.

Au soir, au lieu de la ligne Siaopeïko-Kaolifan [1], elle occupe la ligne Mamikaï-Taouan. L'aile marchante a fait 15 kilom. Déjà la 2e brigade de cavalerie avec deux bataillons de la 1re division a passé le Liao à Taouan. Elle est signalée par la brigade du Caucase, mais l'état-major russe n'y voit sans doute qu'un mouvement pour soutenir les kounkouzes qu'il sait sur la rive droite et ne bouge pas.

Le 27, on atteint la ligne Kalayama-Mamikaï, tandis que la cavalerie parvient à Takou. Cette fois, les rapports de la cavalerie russe signalent la partie la plus apparente du mouvement : la marche des Japonais sur les deux rives du Liao.

L'état-major ne peut négliger cette indication, mais toujours hypnotisé par l'offensive japonaise à l'Est, il n'y voit pas le début d'un mouvement tournant, mais seulement d'une opération partielle, d'un « raid » ayant pour but de priver les Russes des ressources de Sin-min-ting.

[1] Kaolifan sur le Liao (rive droite) à 11 kil. sud de Taouan; Kalayama sur le Liao (rive gauche) à 15 kil. nord de Taouan; Takou sur la rive droite à 16 kil. nord de Kalayama.

Resté sans cavalerie disponible, le général Kouropatkine détache, le 27 au soir, sur Sin-min-ting, le général Birger commandant la 41e division avec la seule de ses brigades encore arrivée. La réserve d'armée est ainsi réduite en disponible immédiat à la seule 25e division.

Or, le lendemain 28, la IIIe armée vint occuper la ligne Touytouan-Toutaitze [1]. Désormais, elle se reliait par sa droite à la IIe armée. Quant à la cavalerie, elle détachait à la vérité sur Sin-min-ting un régiment dont la seule arrivée éparpilla tous les trafiquants comme un vol de moineaux, mais son gros continuait à remonter la vallée du Liao [2]. La cavalerie russe trop faible cédait le terrain à mesure.

Cette fois, il fallait se rendre à l'évidence : l'aile droite russe était menacée d'un enveloppement complet.

Le général Kouropatkine le comprit et le 28 à midi il dirigeait la 25e division, sa seule réserve, sur Salinpou.

Dans l'après-midi du même jour, une division de marche était tirée par son ordre du Xe corps et dirigée sur Salinpou également. Elle comprenait sous le G. M. Tchatilov les 33e, 121e, 122e et 5 batteries.

IV. — 1er mars. Nogi entre en ligne à l'Ouest.

La IIIe armée, toujours sans aucune opposition achève enfin son mouvement en pivotant sur sa droite. IIIe armée.

Au soir, elle a la 2e de cavalerie à Tamintoun, la 1re en avant du front, la 1re division à Kouansantze, la 7e à Kouanchikantze. Quant à la 9e, elle chasse la brigade Kosogovski de Sifantaï et s'y établit.

[1] Touytouan est le point marqué Houkiapoutze sur la route Liaopeiho à Tamintoun, en face de Takou.

[2] Tokio à la Légation de Londres, 2 mars.
Niewchouang à Havas, 2 mars.

IIe armée. En même temps les 5e et 8e divisions de la IIe armée retenaient l'attention de Kaulbars sur son front par une vigoureuse attaque de Tchantanhonan [1].

Déjà le corps des chasseurs ne put s'y maintenir qu'au prix de grands efforts, mais la perte de Sifantaï rendait sa position intenable.

IVe armée. Devant Poutylov et Novgorod, la IVe armée tentait une attaque assez facilement repoussée, à 7 heures du matin, puis en revenait au bombardement [2].

Ire armée. La 2e division, loin de forcer le Kaotouling, est ce jour-là sur la défensive. Elle a peine à se maintenir au Ouanfouling et à Sekorei et fait de lourdes pertes. Ses munitions s'épuisent et elle n'en peut recevoir que par la route de Tchaoouantsiai, enfilée par les canons de Kaotouling. La 12e division échoue dans l'attaque du Tounkiouchan (au sud du Tchedaouling) et cède même, sous le choc d'une violente contre-attaque, la fabrique de Kanchen conquise la veille.

La garde est ce jour-là plus heureuse : elle réussit à reprendre pied dans Yansintoun vainement attaqué le 28, et sa brigade de réserve s'empare de Soun-mou-pou, mais, derrière, les lignes principales russes sur le Tzogouchan, au sud de Kandolissan restent intactes.

Ve armée. Enfin, à l'extrême Est, la Ve armée s'engage à fond, mais elle trouve cette fois partout une résistance acharnée.

Une brigade de la division de réserve se butte vainement au détachement de Tita à Oupaohotze (Oubenapouza); l'autre, qui tente par le Foutzeling de venir couper la retraite à la colonne de Tsinhot-cheng, se heurte aux 23e et 24e chasseurs de Sibérie qui l'arrêtent net au mont Tamakouchan [3].

La colonne de Tsinhot-cheng elle-même, ralliée par Rennenkampf qui lui relève le moral et lui fait jurer de

[1] Kouropatkine au tzar, 1er mars, et un second de même date.
[2] Id.
[3] Kouropatkine au tzar, 1er mars, et un second de même date.

mourir sur place, tient si ferme, malgré son épuisement, à Makiantien (Matsiadian) et Koudiatze, contre la 11e division japonaise, que le Ier corps de Sibérie parvenu la veille au soir à Inchouipoutze ne doit pas entrer en ligne. L'appui du seul 146e (Tzarytzin) y suffit.

***

Rappel à l'Ouest du Ier corps.
Retraite de la IIe armée.

Ce fait et le danger, maintenant imminent, de sa droite éclairent enfin le général Kouropatkine sur l'étendue de la faute commise le 24, et le 1er mars au soir il donne l'ordre suivant :

« 1) La IIe armée quittera ses positions fortifiées de Sifantaï-Tchantan, dans la nuit 1-2, et prendra un nouveau front sur les deux rives du Houn; face à l'Ouest à Salinpou, Tasoudiapou, Linchipou.

» 2) Les Ier et XVIIe corps formeront de toutes les troupes disponibles une nouvelle réserve d'armée qui sera concentrée à Moukden.

» 3) Le Ier corps sera rappelé à l'aile gauche à Moukden.

Ainsi, rien que par sa marche, Nogi faisait tomber les défenses accumulées des mois durant à l'aile droite russe...; le soir même du 1er mars, la grosse artillerie était remise sur trucs et évacuée. Le mouvement des troupes commença ensuite mais durait encore au matin.

De son côté, le Maréchal Oyama voyant la marche de Nogi couronnée d'un succès plus facile encore qu'il ne l'espérait, ne se reposa pas sur ses lauriers; au contraire, dans la nuit du 1er mars, il ordonnait à sa droite, en dépit de ses échecs, de persévérer dans l'offensive; il ordonnait même à la IVe armée (Nozu) une attaque de Poutylov et Novgorod, dont on ne pouvait naturellement rien espérer mais qui retiendrait l'armée russe du centre.

Tout cela devait coûter, mais il y a des cas où l'économie fait plus de mal que de bien.

Ces opérations à l'Est et au centre, n'ayant huit jours durant d'importance que comme diversion, nous les laisserons de côté pour n'y revenir qu'après la décision à l'Ouest.

V. — Batailles de l'Ouest : Salinpou, Makiapou, Tatchekiao [1] (2 au 7 mars).

(Carte n° 11, Tome III.)

Le mouvement prescrit à la IIe armée russe s'exécuta dans la nuit 1-2 et toute la journée du 2.

Les chasseurs se replièrent sur Aïdiapou, le VIIIe corps sur Soukoudiapou, le reste du Xe sur Tasoudiapou, où se trouvait déjà la 61e division.

Les arrière-gardes (1re brigade de chasseurs et 2e de la 15e division) tiraillaient contre les 5e et 8e divisions japonaises, retardant leur poursuite. Un détachement de flanc-garde, formé des 54e, 215e et 241e sous le général major Golembatovski, couvrait la marche contre les entreprises de la 9e division ennemie.

Les Japonais poursuivaient, mais ne purent entamer ces troupes encore intactes : la 8e division sur la rive gauche et la 9e sur la rive droite du Houn n'avancèrent que de 12 kilomètres [2], leur gros occupa les anciennes positions russes autour de Tchantan [3]. A leur droite, les 5e et 4e progressaient moins encore.

Mais à leur gauche, les 1re et 7e divisions, marchant sans répit toute la journée, parvinrent à la tombée du soir à hauteur de Salinpou que la brigade de réserve, marchant entre elles, occupa.

[1] Grande dépêche de l'armée d'Oku, 13 mars, au *Times*.
Lettres Novitzki au *Rousskyi Invalid*.
» Krasnoff » »

[2] Tokio à la Légation de Londres, 4 mars.

[3] Armée d'Oku à *Reuter*, 2 mars.

Presqu'en même temps, arrivait Tchatilov avec la division de marche du Xe corps. Il n'hésita pas et lança ses troupes sur Salinpou qu'il prit. Nogi fit alors continuer le mouvement des 1re et 7e divisions au nord et au sud du village. Tchatilov s'en aperçut à temps et réussit à retirer son monde non sans d'énormes pertes [1].

On a attribué à l'énergie de son attaque, l'arrêt de Nogi pendant la nuit. C'est possible, mais il y a un meilleur motif : c'est que la 1re division japonaise avait fait 30 kilomètres dans la boue glacée et que cet effort suffisait.

A la nuit, l'ordre russe du 1er mars était exécuté en grande partie. La IIe armée occupait Aïdiapou-Tasoudiapou. A sa droite, Tchatilov reformait sa division à Tchansintoun, tandis que la 25e division passait en première ligne à Kaomeuntaï.

Kaulbars, cédant le commandement des troupes dans la vallée du Houn à Tzerpitzki, se rendait de sa personne à l'aile menacée.

En arrière, à Moukden, la nouvelle réserve se formait de la division de marche Witte du XVIIe corps (11e, 12e, 138e, 140e et 6 batteries).

Le Ier corps, vivement attaqué à Poutylov ce jour même, n'avait pu donner que le 147e au lieu d'une division entière.

Quant au Ier corps de Sibérie, il s'était remis en marche malgré sa fatigue, et l'on comptait l'avoir à Moukden le 3 au soir.

Du côté sud, la retraite continua sans encombre; le Xe corps demeure à Tasoudiapou formant liaison avec la IIIe armée russe. La 4e division japonaise l'observe sans l'attaquer. 3 mars [2].

Les chasseurs et le VIIIe corps gagnent Makiapou par les

[1] Kouropatkine au tzar, 2 mars.

[2] Rapport Oyama, publié par *Times* du 5 mars. Tokio aux Légations japonaises, le 5.

deux rives du Houn, toujours suivis par les 8e et 5e divisions japonaises.

Le détachement Golembatovski et la 5e brigade de chasseurs qu'on lui adjoint occupent le remblai de la ligne abandonnée. La 9e division les suit.

Mais du côté Ouest, il en fut tout autrement : sans attendre l'arrivée des renforts, le général Topornine porte à l'attaque de Salinpou sa 25e division. Celle-ci, récemment arrivée d'Europe et voyant le feu pour la première fois, se lança en colonnes de bataillon fort résolument, et pénétra dans Salinpou malgré des pertes déjà fortes. Mais, comme Tchatilov la veille, elle fut bientôt en butte, sur ses deux flancs, aux coups des 1re et 7e divisions. Dans cette situation terrible et décimées par le feu, ces troupes sans expérience s'affolèrent et s'enfuirent en plein désordre. Ce fut encore Tchatilov qui dut couvrir leur retraite. Ses braves régiments tinrent jusqu'à la nuit à Tchansintoun, et se replièrent alors sur la ligne retranchée à l'est de Liougountoun.

En même temps, la 2e brigade de cavalerie poussant au Nord toujours, chassait devant elle la division Oural-Transbaïkal, et, lancée à sa poursuite, venait tomber à Laobian sur la brigade de Birger. Cette rencontre eût dû mettre un terme à ses courses. Au contraire, ce furent les obus de sa batterie à cheval qui, tombant à midi sur la brigade en grande halte, la mirent en plein désordre et provoquèrent une retraite précipitée sur Tafanchen. Ici, la malheureuse brigade arrivant affolée, éreintée, tomba sur la 1re brigade de cavalerie japonaise. Étant données les forces respectives, elle n'en devait faire qu'une bouchée, mais après une escarmouche insignifiante qui lui coûte 5 officiers et 20 hommes, elle se rabat vers le Nord et finit par aboutir, le soir, à Tasintoun.

Ainsi, cette brigade se laissait rejeter hors du champ de bataille et laissait la route de Simminting et la vallée du Pou-ho grandes ouvertes.

Aussi, le soir même, des cavaliers japonais apparaissaient en vue du chemin de fer [1].

Toutes ces fautes aggravaient encore la situation de l'aile droite russe. Il est vrai que le Ier corps de Sibérie arrivait, mais en quel état, après avoir fait 150 kilomètres en 7 jours.

Croyant avoir brisé la résistance des Russes par la bataille de Salinpou, Nogi ordonna, pour le 4, l'attaque qu'il croyait décisive, et qui l'aurait été sans les précautions de Kouropatkine. 4 mars.

La 1re division devait se porter par Tatchekiao sur Tiandziatoun.

La 7e, de Salinpou sur les tombes impériales.

La 9e, de Tagountoutze sur la station de Moukden.

Cette marche devait fermer le cercle et couper la retraite sans rémission.

Mais, dès le matin, la 1re division trouvait Tatchekiao occupé par les dragons d'Orel, arrivés avant elle; une avant-garde les chassa, mais signala la division Witte qui les suivait.

Aussitôt informé, Nogi fit suspendre le mouvement et avertit Oyama : en effet, le fait que le mouvement tournant n'était plus imprévu et se changeait, par suite, en une attaque de front, modifiait toutes les conditions prévues.

Oyama répondit d'entretenir un combat traînant sur le front et de pousser vers le Nord quand même, pour déborder les Russes coûte que coûte.

En même temps, il faisait partir de Yentai la moitié de sa réserve générale, la 3e division, pour Salinpou, afin de combler le vide qu'allait faire dans sa ligne à gauche général, de Nogi, et il ordonnait à la IIe armée de faire une attaque générale dans la vallée du Houn-Ho, pour détourner l'attention de l'ennemi.

Toute la journée du 4 se passa donc en marches du côté japonais.

[1] Nienchang à *Havas*, 4 mars.
Kouropatkine au tzar, 4 mars.
Naudeau au *Journal*, de Moukden, 5 (témoin oculaire).

Ces marches n'échappèrent pas à Kouropatkine. Elles prêtaient le flanc à son offensive et, pour en profiter au plus vite, il réunit de son côté, dans la journée du 4, tout ce qu'il avait de forces disponibles sur la ligne Takentoun (Witte), Kouka (Ier corps), Ioukouantoun (Tchatilov), Yansitoun (25e division).

Ces 76 bataillons, sous Kaulbars, constituèrent ce qu'on appela le front Nord.

Sous Tzerpitzki restaient 76 bataillons, savoir : le groupe de Golembatovski à Fousoutoun, les chasseurs à Satotze, la 14e division à Makiapou, la division Harschelman, du Xe corps, à Peïyountzte, la 15e division à Tasoudiapou.

Ce dispositif avait pour défaut de ne laisser aucune réserve disponible. Tel quel, il mettait en ligne 152 bataillons, la plupart, il est vrai, déjà énervés par la retraite, fatigués par les contremarches, certains, comme la 25e division, déjà ébranlés par des échecs et de fortes pertes.

Mais, cependant, tous étaient encore capables de grands efforts, comme ils allaient le prouver bientôt.

C'est dans ces conditions que l'ordre d'attaque fut donné le soir du 4 pour le 5 au matin.

Mais les Japonais le prévinrent une fois encore.

5 mars [1]. Dès l'aurore, le 5, les 4e, 5e et 8e divisions japonaises prirent l'offensive sur les deux rives du Houn. Oku conduisit cette attaque avec son énergie habituelle; mais la 4e division, ayant affaire à des ouvrages retranchés importants, s'y butta vainement, sans d'ailleurs s'engager à fond. La 5e jonchа de ses morts tout le terrain autour de Makiapou, mais en vain; elle ne put ébranler la 14e division, qui se cramponna jusqu'à la nuit

[1] Kouropatkine au tzar, 6 mars.
Tokio, 6, aux Légations japonaises.
Du Quartier général russe à *Reuter*, 6 mars.
Armée d'Oku à *Reuter*, 5 mars.
Moukden à l'*Agence russe*, 6 mars.

au village en ruines et n'en put être délogée. Par contre, la 8e parvenait, après une lutte qui dura toute la matinée, à déloger la 5e brigade de chasseurs du vieux remblai et s'y établit. Elle se contenta d'ailleurs de ce succès et suspendit l'attaque à 3 heures. Mais l'offensive de Tzerpitzki était forcément ajournée, et l'on n'en demandait pas plus.

Le grand danger était l'extension de la IIIe armée et l'intervalle qui la séparait de la IIe, mais il ne dura pas.

La 3e division, partie la veille de Yentaï à 2 heures, franchit 53 kilomètres en 24 heures et fut à Salinpou le 5, à midi. Elle libérait la 9e division qu'on y avait arrêtée par prudence, et qui n'avait d'ailleurs pas été nécessaire, ni la 25e division ni Tchatilov n'ayant bougé ce jour-là.

La 9e division, aussitôt relevée, continua sa marche vers le Nord, ce qui fut fort heureux. En effet, Guerngross, avec le Ier corps de Sibérie et la division Witte, avait attaqué résolument Tatchekiao : depuis 10 heures du matin jusqu'à 4 heures, les chasseurs cheminaient à travers les marais; ils gagnaient du terrain, quand l'arrivée de la 9e division permit à la 1re de briser l'attaque.

Le Ier corps sibérien reprit à la nuit sa position primitive, Tkavouan Khouka.

Aussitôt, Nogi fit achever le mouvement de flanc : la 1re division, relevée définitivement par la 9e à Tatchekiao, gagnait Pinlouapou et la 7e se contentait de se resserrer sur sa gauche à Kokountaï.

Le 5 au soir, Kouropatkine avait donné l'ordre de reprendre, le 6, l'offensive paralysée la veille. Il se reconstituait une réserve au moyen d'un régiment de marche tiré du IVe corps de Sibérie et des 9e et 10e chasseurs d'Europe, arrivés de Kharbin. 6 mars [1].

[1] Naudeau au *Journal*, 6 et 7 mars.
Moukden, 7, à *Reuter*, Moukden à l'*Agence russe*, 6-7.
Kouropatkine, 6 (partie publiée le 8 seulement).

En prévision d'une nouvelle extension japonaise vers le Nord, il envoyait à Soutaïtze, au nord des tombes impériales, le 147e et 2 batteries sous le colonel d'état-major Zapolski, tandis que Birger, enfin remis en ordre, se portait à Santaïtze, et que la cavalerie de Grekov le prolongeait vers le Nord.

L'attaque ne fut encore une fois pas générale : le Ier corps de Sibérie, appuyé sur ses deux flancs par Witte et Vassiliev (remplaçant Tchatilov), se jeta à 10 heures sur Lioudiafan et Tatchekiao. La 9e division japonaise s'y défendit avec rage, mais elle ne put empêcher la 1re division de chasseurs de pénétrer dans Tatchekiao au prix d'énormes pertes.

En même temps, Lioudiafan tombait aux mains de la 9e division de chasseurs ; on y prenait quatre mitrailleuses et des prisonniers, presque tous blessés d'ailleurs.

Mais dès midi, la 7e division qui, de son côté, avait tenu facilement Vassiliev en respect, intervenait dans la lutte et remettait tout en question ; à 2 heures, Lioudiafan, puis Tatchekiao était repris. A 3 heures, Kaulbars ramenait tout son monde une fois encore sur la position Tkavouan-Kouka.

Pendant toute cette journée, Topornine, avec sa 25e division, et l'armée de Tzerpitzki n'avaient une fois encore pas bougé. La IIe armée japonaise s'était contentée de tirailler contre eux.

Au soir, la situation était incertaine : les Russes tenaient la ligne de défense en partie préparée : Santaïtze (Zapolski), Takhentoun (Witte), Tkavouan-Khouka (Ier corps), Niousintoun (Vassiliev), Ioukouantoun (25e division), Iansitoun (Golembatovski), Satotze (chasseurs), Makiapou (14e division), Peïyountze (Harschelman), Tasoudiapou (15e division).

Cette ligne organisée n'eût peut-être pas arrêté des troupes japonaises intactes, fraîches et pouvant coordonner leurs efforts. Mais avec 7 divisions ou 140 bataillons environ, dispersés sur 52 kilomètres, toutes éreintées par les marches, les nuits en plein air, les repas faits sur les vivres de réserve, et décimées par les combats, surtout les troupes d'Oku, auxquelles Makiapou avait coûté fort cher, il ne fallait pas songer à forcer des retranchements.

Seule, la 3e division n'avait fourni qu'une seule marche, forcée il est vrai, mais elle avait eu l'après-midi et la nuit pour s'en remettre et était complète ....

Quant au mouvement tournant par l'Ouest, il ne surprenait visiblement pas les Russes ; son exécution devenait épineuse devant les forces qu'ils avaient réunies sur leur front Nord, et son résultat fort problématique.

Cependant le maréchal Oyama crut voir dans l'échec des Russes à Tatchekiao la preuve que leur force de résistance touchait à sa fin, et s'obstina dans son dessein primitif.

Le 6 au soir, il se portait de sa personne à la IIIe armée (Nogi). Le reste de sa réserve générale (3 brigades de réserve) le suivait à marches forcées.

Dans la nuit 6-7, il envoya les ordres suivants :

1° La IIIe armée marchera contre la ligne chemin de fer de Moukden, tombes impériales.

2° Le reste de la réserve générale suivra l'aile droite de cette armée.

3° Toutes les autres armées continueront leurs attaques.

De grand matin, l'armée d'Oku tout entière attaque la ligne retranchée russe. Les 4e, 5e et 8e divisions se ruèrent de nouveau sur Peiountze, Makiapou et Satotze. Mais leurs premières attaques de ces positions, organisées depuis trois jours déjà et occupées par des troupes non ébranlées, furent extrêmement meurtrières, ajoutant de nouveaux monceaux de cadavres à ceux gisant devant Makiapou depuis le 5. 7 mars [1].

Aussi l'action se réduisit vite, dans la région du Houn, à

[1] Tokio aux Légations, 8 mars (midi).
Kouropatkine au tzar, 7.
Articles du major Hambden, *United service Magazine*, 1905.

l'allure d'un combat d'usure : les Japonais se contentèrent désormais de progresser lentement, pas à pas, en se couvrant de leurs morts et de rifle-pits creusés à mesure de l'avance.

A midi, Tzerpitzki demanda même l'autorisation de passer à l'offensive, mais elle fut refusée et pour cause.

En effet, avant les autres, la 3e division japonaise avait prononcé son attaque.

La 6e brigade eut ordre de s'emparer de Iansitoun et Lousountoun. Elle les trouva bien défendus par Golembatovski, s'y brisa et dès lors, comme le reste de la IIe armée, se contenta d'une approche lente et méthodique.

Mais la 17e brigade (Nambou) s'emparait par un coup d'audace de la position Youkouantoun-Trois Maisons.

Cette position comprenait, du Nord au Sud : le hameau mis en défense de Tchoudiagantze, relié par des défenses accessoires au village de Youkouantoun, mis en défense aussi et dominé par une redoute à 600 m. au Nord-Est ; puis, sur 2500 m., des ruisseaux et marécages dont les accès praticables avaient été coupés et, enfin, le groupe des « Trois Maisons, » mis en défense et dominé par une redoute à 400 m. au Sud-Est. Ces ouvrages étaient défendus par les régiments de Jouriev (98) et d'Ostrov (100), ayant en réserve les régiments de Livonie (97) et d'Ivangorod (99). Des batteries de la 25e division, 3 étaient en arrière de Tchoudiagantze, tirant vers le Sud-Ouest, et 3 en arrière de Youkouantoun, tirant vers l'Ouest.

Nambou partit à 5 heures du matin, en pleine obscurité ; il laissait 2 bataillons à Ligounpou comme réserve et soutien des 6 batteries japonaises. Quatre seulement lui restaient et il les divisa encore, en dirigeant deux sur Youkouantoun (18e) et deux sur les Trois Maisons (34e).

Aux Trois Maisons, le bataillon d'Ostrov fut presque surpris : il laissa les Japonais s'approcher jusqu'à 500 m. ; ce n'est qu'alors qu'il tira dans la nuit, au jugé, des salves, naturellement vaines. Quelques minutes après, les Japonais, au pas de course, étaient sur lui et le dispersaient à coups de grenades. Le reste du régiment ne pouvait parvenir à se former et reculait en désordre, perdant son chef, le colonel prince Gedroitze, qui tombait au pouvoir de l'ennemi. Mais la redoute tenait toujours et le régiment Ivangorod se formait à 800 m. en arrière des Trois Maisons.

Dès 7 heures, Nambou envoyait de ce côté un bataillon de sa réserve; mais, malgré cela et jusqu'à 11 heures, sa droite ne fit aucun progrès et perdit beaucoup de monde.

A gauche, les troupes de Youkouantoun, plus heureuses, éventaient les Japonais à 700 m. et ouvraient sur eux un feu meurtrier.

Elles ne purent cependant arrêter leur élan et, grâce à leurs pionniers armés de grenades, les Japonais conquirent, maison par maison, toute la partie sud du gros village. Mais à quel prix? Dès 9 1/2 heures, les 2 bataillons engagés sur ce point comptaient 300 hommes et, loin de progresser, c'est à peine s'ils pouvaient se maintenir.

Nambou ne pouvait toucher au seul bataillon de réserve qui lui restait; *il arma de grenades les soldats du train et les lança,* mais cela ne servit qu'à les faire tuer aussi.

Cependant, le commandement russe s'inquiétait de cette attaque qui semblait si résolue : il ignorait que la 3e division n'avait rien derrière elle....

Kaulbars accourait à midi à Niousintoun, avec le 34e chasseurs de Sibérie.

Kouropatkine envoyait les 5e et 10e chasseurs d'Europe, sous Dombrowski, en arrière de Youkouantoun, et s'y rendait en personne à 2 heures.

Enfin, Tzerpitzki détachait le 123e de la division Harschelman, sur Lougountoun.

Il semble que la situation morale de la 25e division, déjà si éprouvée à Salinpou, devait être fort mauvaise, car le commandant en chef ne lui réclama plus aucun effort; il attendit jusqu'à trois heures le 123e et ce fut ce régiment qu'il lança sur les Trois Maisons, disposé en 8 lignes de 2 compagnies en tirailleurs, à 4 pas d'intervalle, se suivant à 50 pas de distance. Le régiment marcha ainsi, ne faisant qu'un seul feu de sa première ligne; il perdit la moitié de son effectif et son colonel, mais il parvint aux Trois Maisons et s'en empara à 4 heures.

Pas un Japonais ne recula : il fallut les tuer sur place; 40 seulement, la plupart blessés, furent cernés dans une fanza et faits prisonniers. Le 34e japonais était de nouveau détruit!

Quant au 17e, il parvint à garder pied dans quelques maisons de la lisière sud de Youkouantoun; sans munitions, il utilisait les cartouches de ses morts et même des Russes. L'arrivée, à la tombée de la nuit, de deux bataillons de l'autre brigade permit de le recueillir. Avec le bataillon resté en réserve toute la journée, c'était tout ce qui restait de la brigade Nambou. Sur 6000 hommes, elle en avait perdu 4200. Mais grâce à son héroïsme, le mouvement tournant s'achevait.

En effet, toute la journée, le Ier corps de Sibérie se bornait à des attaques partielles qu'il ne poussait plus à fond, et Nogi, se contentant de l'occuper, poussait rapidement ses divisions sur Tasintoun (1re), Pinllouapou (9e), Tatchekiao (7e).

Au soir, les trois brigades de réserve venues à marches forcées de Yentaï venaient prendre la place de cette dernière à Kokountaï.

La cavalerie poussait jusqu'au chemin de fer, et ses pointes coupaient même le télégraphe au nord d'Ouchitaï, dans la nuit 7-8.

Cette fois, Kouropatkine n'avait plus rien à opposer à ce dernier mouvement débordant au Nord, tandis que l'affaire des Trois Maisons avait ébranlé sa confiance dans la durée de résistance des retranchements de l'Ouest.

Il pouvait encore faire une bonne retraite, à condition qu'elle fût immédiate; il ne le pourrait peut-être plus demain.

Partir, c'était abandonner toute la ligne du Cha-ho, si minutieusement organisée! Mais rester c'était, peut-être, offrir au Japon l'occasion d'une destruction si complète de l'armée russe que l'histoire n'en offre pas d'exemple.

Le soir même du 7, sa décision fut prise : il replierait immédiatement les Ire et IIIe armées sur la ligne du Houn et emploierait leur disponible à maintenir ouverte la route du Nord.

Les ordres partirent le soir, c'étaient :

1) Les Ire et IIIme armées se replieront sur la rive droite du Houn-ho, leurs arrière-gardes défendant les têtes de pont.

2) Un corps sera formé au Nord de Moukden, sous le général de cavalerie Von der Launitz, qui aura sous ses ordres la cavalerie de Grekov.

La bataille était perdue, la retraite commençait.

VI. — La lutte au centre et à l'Est, du 2 au 7 mars.

(Cartes n°s 6 et 10.)

Nous avons laissé de côté les événements au centre et à l'Est, pour ne pas interrompre le récit de l'action sur son théâtre décisif.

Il est temps d'y revenir.

L'armée « du Yalou » continua les 2, 3 et 4 à attaquer Makiantien sans plus de succès. Le 5, Kuroki eut ordre de lui envoyer en renfort une brigade de sa 2e division. Celle-ci parvint en ligne le jour même, attaqua le 6, et le 7 parvint à s'emparer d'une hauteur à 3 kilomètres sud-ouest de Makiantien. Elle s'occupa — V^e^ armée.

[1] Rapport Oyama, publié par le *Times* du 5.
Tokio aux Légations japonaises 5. Id. 6; id. 7; id. 8.
[2] Tokio à la Légation de Londres, 2 mars. Id. 5 mars; 6 mars; 7 mars.
Kouropatkine au tzar, 2 mars, 4 mars, 6 et 7 mars.

le 7 même d'y placer de l'artillerie, ce qui permettait d'espérer la chute de la position à bref délai.

Ire armée [1]. Le 2 mars, la position de Kuroki s'améliora un peu.

La 2e division réussit, après de nouvelles attaques et des pertes énormes à se maintenir et à mettre de l'artillerie sur les hauteurs au Sud du Kaotouling. Sa brigade de flanc gauche attaqua Toukouichan [1], vainement attaqué la veille par la 12e division, et par un assaut brillant mais sanglant, elle enleva cette hauteur et la 1re ligne de défense des Russes qui la couvrait. Mais elle se brisa sur la 2e ligne établie 700 mètres plus au nord du Tchedaouling. Le feu des Russes était tel que la brigade se coucha sur place, ne pouvant ni avancer ni reculer; elle passa dans cette atroce position deux jours et deux nuits.

La garde fut lancée, le 2 à minuit, sur Kaitcheoumoupou, sur la rive droite du Cha-ho; elle en surprit la garnison et, à 4 heures du matin, poursuivant ses avantages, elle occupait toutes les avancées des Russes sur la rive droite au pied du mont Tzogouchan [2]. Mais, encore avant le lever du jour, les sibériens de Sarubaïev sortant de leurs abris, firent une vigoureuse contre-attaque. Leur feu précis força les Japonais à rentrer en hâte dans les avancées conquises et à n'en plus bouger de la journée,

Le 3 tiraillant. Même le 3, à 10 heures du soir, le régiment de Krasnoïarsk les assaillit encore et, sans aucune réserve, leurs munitions presqu'épuisées, ils ne pouvaient parvenir à l'arrêter; ils recoururent enfin aux grenades à main. Celles-ci seules purent avoir raison des sibériens, mais l'attaque russe se renouvela quatre fois dans la nuit.

La position des deux partis resta dès lors la même, car de jour il était impossible de sortir des abris tant le feu était vif; la nuit à chaque attaque était opposée une contre-attaque et des blessés nombreux restaient abandonnés entre les deux partis.

[1] Toukouichan à 700 mètres sud de la passe Tchedaou-ling, qui se trouve elle-même à 1500 mètres sud de Fanchen.

[2] Armée de Kuroki, à Havas, 3, par Fusan.

Le 3, la 2e division usa du stratagème déjà employé par d'autres au Cha-ho. Un groupe fut habillé d'uniformes du régiment russe Tchembarsk (284e) et mis en avant de la colonne d'attaque du Kaotouling. Mal lui en prit ; la tête de la brigade et notamment tous les déguisés furent littéralement fauchés par le feu des Russes. En outre, restés cette fois maîtres du terrain, ceux-ci trouvaient enfin des preuves palpables de la déloyauté de leurs adversaires [1].

Le 4, l'ordre d'envoi d'une brigade à la Vme armée enlevait désormais à la 2e division l'espoir de percer, tant que les circonstances ne seraient pas modifiées.

Quant à la 12e, elle fit trois attaques toutes au plus désastreuses sur le Tchetaouling.

Les attaques continuèrent par ordre sur toute la ligne, mais on ne fondait plus aucun espoir sur elles et la plupart n'étaient pas poussées à fond. Du 4 au 7.

L'armée de Nozu s'ébranla pour l'attaque le 1er mars seulement ; dans cette journée, il concentra sa 6e division devant Chahopou, la division coloniale devant Tchanlantze et la 10e division devant le Poutylov. IVe armée.

Le 2, à la faveur d'une tempête de neige, ces forces parvinrent à 2000 mètres des ouvrages russes sans être signalées, mais à 2 heures après-midi la tempête cessa et un feu terrible s'abattit sur les Japonais. Le gros s'arrêta à 1400 mètres des ouvrages et s'y terra aussi vite que possible.

Mais la brigade Sibachi de la 10e division continua sa marche et prit les tranchées servant d'enveloppe extérieure à trois redoutes couvrant Koulaotoun au pied du Poutylov.

Elle avait déjà perdu son chef et un tiers de son effectif ! Par suite de la position dominante des ouvrages russes, les rifle-pits ne servaient de rien. Ne pouvant plus ni avancer ni reculer

[1] Kouropatkine au tzar, 4, 5, 6 et 7 mars.

sans se faire détruire, la brigade se coucha, s'enterrant littéralement dans la neige. Un essai de pousser de l'avant dans la nuit fut arrêté net par une contre-attaque du régiment de Neuschlot (87e). Et la journée tout entière du 3 se passa dans cette effrayante position, ainsi que celle du 4. Sans munitions et ayant consommé ses vivres de réserve, sans communication même avec l'arrière, la brigade semblait perdue.

Dans la nuit 4-5, elle fut soudain assaillie par plusieurs bataillons russes; la lutte eut lieu entièrement à l'arme blanche de part et d'autre; les Japonais préféraient mourir ainsi que de faim et se firent massacrer sur place [1]. Enfin, à la faveur de la suspension du feu russe sur ce point, un régiment de l'autre brigade accourut (4 heures du matin) et lançant des grenades, parvint à refouler les Russes. Mais la brigade Sibachi était hors de ligne : une de ses compagnies comptait 17 hommes.

La journée du 5 passa en tirailleries, chacun restant abrité. De même le 6. Mais le 7, en raison de l'ordre d'attaque générale donné par Oyama, la 10e division se reporta à l'assaut : la brigade de réserve et les débris de Sibachi contre le Poutylov, la brigade Otami contre les redoutes de flanquement à l'Est (Louloutoun). Dans leur élan furieux, ces troupes réussirent cette fois à prendre la redoute de Koulaotoun elle-même, mais la position principale restait inviolée.

Dans la nuit, l'assaut recommença contre elle. Les Russes tinrent le temps nécessaire pour assurer l'évacuation de l'artillerie. A 4 heures du matin, ils se retiraient et les Japonais pénétraient sur le Poutylov abandonné.

Aux divisions coloniale et 6e, la lutte avait été moins rude : l'on y avait fait de vrais travaux d'approche jusqu'à 600 mètres des Russes, et jusqu'à des abris blindés. Les Russes ne firent de ce côté pas même sortir leur infanterie, se contentant d'écraser de leur feu toute tentative de sortir des abris. Presque chaque jour cependant les Japonais le tentèrent : ils lançaient des

[1] Kouropatkine au tzar, 6 mars.

colonnes choisies précédées de pionniers et munies de sacs à terre sur les points qu'ils croyaient ébranlés par leur artillerie, mais toujours en vain.

Comme le Poutylov, Chahopou ne tomba dans leurs mains que lorsqu'il fut évacué — le 8 au matin.

VII. — La Retraite.

(Carte.)

Préparatifs [1].

Toute la nuit 7-8 fut employée dans une activité de fourmilière à préparer la retraite : avant tout, la voie ferrée transporta l'artillerie de place retirée du Cha-ho. L'on commençait en même temps l'évacuation des hôpitaux. Elle fut poussée si rapidement que le 9 au soir il n'y restait que 640 hommes non transportables (il est vrai que la journée du 10 devait les remplir à nouveau.)

Quant aux magasins, on renonçait à les sauver et l'intendance en préparait la destruction. Elle ne put malheureusement empêcher les traînards d'en piller plusieurs, notamment ceux d'alcool, et la tristesse de la situation s'aggrava de scènes honteuses.

***

Journée du 8 [2].

La 1re armée se replia dans l'ordre le plus complet sur Ta-eur-ho (Rennenkampf avec le détachement de Tita).

Fouchoun (Kachtalinski avec la 3e division de chasseurs, et la 72e, moitié des 6e de chasseurs et 71e).

[1] Tieling au *Novoïe Vremia*, 11.
Lettre Rodes au *Matin*.
Récit du capitaine Olginski (*Novoïe Vremia*, 17 mars).
Mac Cullagh au *New York Herald*, 10 avril.

[2] Kouropatkine au tzar, 8 mars.
Tokio aux Légations, 9 mars.
Moukden à *Reuter*.
Armée d'Oku au *Times* (retardée, n'arrive que le 14).

Fouling (IIe et IVe corps de Sibérie).

Ces troupes s'établirent sur la rive droite, après avoir détruit les ponts et cassé la glace. Elles ne furent poursuivies le 8 que par des colonnes volantes.

Le Ier corps, en grand ordre aussi, gagna Moukden. Son arrière-garde restait sur la rive droite gardant la tête de pont de Kuanminkan. Parallèlement, les trois corps de la IIIe armée se retiraient par la route mandarine (VIe et reste du XVIIe) et la voie ferrée (V) et les VIIIe et X[e] corps à leur droite repassaient également le Houn. Les têtes de pont de Hounhopou et Makiapou restaient occupées.

Nozu poursuivit avec une énergie relative : le 8 au soir, il avait son quartier-général à Kouanchan. Mais l'armée d'Oku, sans doute épuisée, ne suivit les Russes que d'assez loin.

Grâce à cette absence de poursuite, la retraite, même à l'Ouest, eut lieu en bon ordre pour les hommes restés dans le rang. Mais le nombre d'isolés, d'égarés volontaires et involontaires, croissait dans une proportion alarmante, ce qui s'explique du reste par l'affreux mélange où cette semaine de combat avait mis les troupes de ces secteurs.

Mais au Nord, tout était une fois encore remis en question par une nouvelle poussée de Nogi vers la ligne de retraite. En prenant possession de son commandement le 7 au soir, Von der Launitz y trouvait : à Takhentoun, la brigade Zapolski (régiment de marche du IVe corps et 147e avec 2 batteries du 43e d'artillerie); à Santaïtze et Kountziatoun, la brigade Birger (161e, 162e et 3 batteries du 45e). Le long de la voie ferrée depuis Oungentoun jusqu'à Ouchitaï, la brigade Pavlov et la division Grekov de cavalerie.

Dans la nuit, il reçut, en outre, la brigade Dombrovski formée du 11e chasseurs, arrivé de Russie, et 1 batterie du 29e. Il l'établit à Oungentoun où elle fut renforcée dans la journée de 1 bataillon du 217e, 3 du 53e.

Il eut en réserve aux tombes impériales la brigade Sollogoub (5e et 10e chasseurs).

C'est avec ces forces qu'il devait arrêter le mouvement tournant. Heureusement le matin, les Japonais n'attaquèrent pas, mais on voyait se dessiner leur mouvement vers le Nord-Est; hors portée dans la vallée du Pou-Ho. Ce n'est que l'après-midi que leur artillerie commença le feu sur les trains d'évacuation qu'ils voyaient passer sur la voie ferrée. L'artillerie russe répondit avec succès, au point qu'une batterie ennemie fut démontée et abandonnée. Mais leur infanterie se refusait visiblement.

Par contre, Vassiliev à Niousintoun et Zapolski à Fentziatoun subirent de violentes attaques des brigades fraîches arrivées la veille, dans le but sans doute de les empêcher de s'opposer au mouvement tournant; Zapolski se défendit vigoureusement et, avec l'aide de la brigade Sollogoub, il maintint ses positions, mais il fut tué le soir.

Kouropatkine jugea le 8 au soir, par les événements de la journée au Nord et par l'aspect que prenait le repliement de son front Sud, que la retraite générale sur Tieling s'imposait.

Le 8-9, à minuit, il ordonna cette retraite, comme suit [1] :

1° L'armée Ouest restera en position.

2° La IIIe armée défendra les passages du Houn au sud de Moukden.

3° Sous la protection de ces forces, la IIe armée et le détachement Est se retireront vers le Nord.

4° Le général Sarubaiev avec 50 bataillons des IIe, IVe corps de Sibérie en masse à Taoua protégera contre un enveloppement large.

De son côté, Oyama croyant enfin tenir la décision au Nord-Ouest, resta près de Nogi. Il ordonnait : à Nogi, d'appuyer toujours plus à gauche, ainsi qu'Oku; à Nozu, d'appuyer à droite, à Kuroki de franchir le Houn et de déborder l'aile droite ennemie.

[1] Kouropatkine au tzar, 8 mars.

* * *

Les 9 et 10 mars au Nord-Ouest [1].

Dès le lever du jour, les troupes de Von der Launitz subirent une attaque résolue. Les Japonais s'avançaient inlassablement soutenus par des mitrailleuses qui tiraient sans relâche.

On attendait en tiraillant qu'ils montrent leurs réserves et on les renvoyait alors par un feu rapide.

Cela dura tout le jour.

Cependant la retraite se poursuivait, et les premières troupes qui parvinrent au Nord de Moukden étaient consacrées à renforcer Von der Launitz (régiment de Modlin n° 57), ou à le prolonger vers le Nord, le long de la voie ferrée.

Il y eut ainsi les détachements de Mylov, Harschelman, Artamonov à Fanziatoun, Tzoueurtoun, Siougoutze.

En outre, Sarubaiev était dès 9 heures à Taoua avec son corps.

Tout espoir allait disparaître de couper la retraite de l'armée russe au moyen de l'armée de Nogi.

Ne voulant pas renoncer si facilement à ce qu'il croyait encore le meilleur, sinon le seul moyen d'en finir, le maréchal Oyama prescrivit une attaque suprême.

Le 9 mars, à 10 heures du soir, une colonne d'assaut se jeta sur Santaïtze par surprise, dispersant le 162e (Akhalzich). Le régiment de Modlin (57e) reprit le village jusqu'à quatre fois et finit par le conserver. A Kountziatoun, le 161e (Alexandropol), attaqué aussi, ne cédait qu'une partie du village et avec l'aide d'un bataillon de Modlin il la reprenait presqu'aussitôt.

Toute la journée du 10, ces attaques se renouvelèrent, mais repoussées la nuit, elles devaient échouer le jour, bien qu'une tempête de poussière se fût élevée obscurcissant tout, empêchant les observations d'artillerie. L'après-midi, la 9e division japonaise menaça Oungentoun et la voie ferrée. Dombrovski la reçut chaudement. Même à 4 heures, avec les régiments de Tomsk et d'Életz (du détachement Harschelman), il se jette

[1] Kouropatkine au tzar, 9 mars.

sur les Japonais, dans une vigoureuse contre-attaque, les met en pleine déroute et leur fait 40 prisonniers.

En présence de cette vigueur et des imposantes concentrations de forces russes au Nord d'Oungentoun, Oyama dut se résigner : le plan de couper la retraite à l'ouest avortait.

L'attaque de la IIIe armée japonaise continua néanmoins jusqu'au soir, mais c'était désormais sans espoir.

Ce n'est qu'à 6 heures du soir, la nuit étant faite, que Dombrovski suivit le mouvement de retraite. Ses batteries, souvent arrêtées, rouvrirent le feu à plusieurs reprises, modérant l'allure de la 9e division japonaise. A la nuit, celle-ci atteignit Liaogotze. Les 1re et 7e atteignaient Oungentoun et les tombes impériales.

Mais la réussite du plan original d'Oyama n'était d'ailleurs plus d'une aussi impérieuse nécessité, car une heureuse chance permettait à la IVe armée d'obtenir, en partie du moins, le résultat qu'on espérait de la IIIe.

En détachant, le 8 au soir, le corps de Saroubaiev, le général Linievich avertit Kouropatkine qu'il ne répondait plus de la ligne Fouling-Fouchoun. 9 mars, à l'Est et au centre [1].

En effet, le froid ayant repris dans la nuit 7-8, la glace du Houn portait de nouveau, et la 1re armée russe se trouvait ainsi sur une position non préparée et en forces réduites de moitié en face d'adversaires dont la force restait la même.

Cependant ni la Ve armée ni la 2e division ne purent franchir le Houn de toute la journée.

Le grand danger était dans le secteur de Fouling où les IIe et IVe corps de Sibérie avaient été écrémés au profit du corps de Saroubaiev.

[1] Tokio aux Légations, 10.

10

Les 12e division et garde parvinrent en vue du fleuve dans la matinée, mais en trouvèrent tous les passages gardés et ne firent que tâter la position. Kuroki, lié par ses ordres, aurait évidemment ordonné une attaque générale dont nul ne peut prévoir le résultat, quand, à 2 heures après-midi, s'éleva dans la vallée la même tempête de poussière qui avait couvert le champ de bataille de Santaitze au Nord.

A la faveur de cette tempête, un bataillon de la 12e division franchit le fleuve à Kiousan, surprit et détruisit un bataillon de Krasnoiarsk qui gardait ce point; en hâte, le reste de la division le suivit et quand Lewestam avec la 2e division de Sibérie voulut les déloger, c'est lui qui fut repoussé avec pertes. Loin de se fermer, la brèche alla toujours s'élargissant; à 5 heures du soir, la garde passait à son tour.

Ainsi la résistance du reste de l'armée à Fouchoun était rendue vaine et 40 bataillons japonais étaient, dès à présent, à même de tourner Moukden par le Nord-Est!

Heureusement, au lieu de pousser de l'avant, la 12e division se rabattit vers Fouchoun pour l'attaquer le lendemain, et la garde demeurée seule dut se borner à se maintenir sur la rive droite.

Quant à Oku et Nozu, selon les ordres, ils serraient, le 9, l'un contre la IIIe, l'autre contre la Ire armée, ne laissant au centre que juste assez de monde pour occuper les garnisons des têtes de pont : les 5e et 6e divisions.

Ces divisions attaquèrent violemment les têtes de pont dans la nuit du 9 au 10, mais sans succès. Peu avant le jour, les garnisons se retiraient enfin sans être entamées.

10 mars, à l'Est et au centre [1].

Cependant, la marche oblique des 10e division et division coloniale de Nozu les avait portées le 9 au soir sur la rive gauche du Houn.

[1] Tokio aux Légations, 10 et 11.
Kouropatkine, 11 mars à 6 heures; ibid., à 10 heures.
Armée de Kuroki à *Reuter*, 10 (n'arriva que le 13).

Le 10 au matin, elles le franchirent avec l'appui de la garde, savoir : la 10e division à Ouandiatoun et la coloniale à Ouandiaouantze. En même temps, la retraite des Russes livrait à la 6e le pont de Santoufou qu'elle franchit dans la matinée.

L'arrière-garde du IVe corps de Sibérie sous Morozov, malgré la disproportion des forces, défendit Fouling jusqu'à midi, puis se mit à son tour en retraite.

A ce moment, la plus grande partie des IIe et IIIe armées russes s'était écoulée déjà : la IIIe armée et la partie de la IIe que commandait Tzerpitski avaient passé, durant toute la journée du 9, les garnisons des têtes de pont du Sud et la partie de la IIe armée que commandait Kaulbars dans la nuit et la matinée du 10.

Dès 4 heures après-midi, il ne restait à replier que la garnison de la tête du pont de Makiapou : le général Hanenfeld avec les 55e (Podolie), 241e (Orel) et 2 batteries du 29e, et l'arrière-garde de Kaulbars (général Sollogoub) avec les 1ers chasseurs de Sibérie, 5e et 10e d'Europe, 2 bataillons du 36e (Orel) et 2 du 121e (Penza).

Un grand nombre d'isolés s'étaient joints à ces groupes qui suivaient l'un la route, l'autre le chemin de fer.

Or, à 4 heures précisément, la 6e division japonaise, précipitant sa marche, parvint à Youlinpou sur la route mandarine.

Dès 4 heures 1/2, Hanenfeld l'attaquait énergiquement, mais sans succès, tandis que presqu'à la même heure Sollogoub se heurtait vainement à la 1re division japonaise occupant Oungentoun.

Dans la nuit, ils tentèrent une nouvelle attaque concertée sur la 6e division dans l'espoir de s'ouvrir un passage. En vain; ils n'aboutirent qu'à voir tomber autour d'eux 5600 hommes soit 28 % de leur effectif. Le 11 au matin, cernés de toutes parts, ils se rendaient avec 11400 hommes. Seul le colonel Lesch du 1er chasseurs avait réussi à se glisser dans la nuit et à s'échapper avec son drapeau et 135 hommes du régiment.

La droite de Nozu, malgré tous ses efforts, ne put arriver à Taoua qu'au soir et n'y put rien faire : l'armée russe était au delà, Hanenfeld en deçà de ce point.

La garde, engagée dans d'affreux chemins de montagne, parvint à jeter à Pouho, dès 4 heures du soir, un bataillon avec une batterie dont les obus semèrent la panique dans la queue de la colonne de gauche des Russes qui s'allongeait sur la voie ferrée. Mais le gros n'arriva que dans la nuit, trop tard pour une attaque fructueuse.

Le reste des Ire et Ve armées resta hors de ligne : la 12e division avait toutes les peines du monde à parvenir à Hounchépou, seulement les 2e et 11e occupaient Fouchoun abandonné [1]; quant à la division de réserve, elle était toujours tenue en échec par Rennenkampf; il ne quitta Taeurho que 2 jours après pour Inpan : il avait même été difficile de lui en faire tenir l'ordre.

Ainsi le 10 au soir, les Japonais occupaient Moukden par la IIe armée; ils avaient, se faisant face, la IIIe armée le long du chemin de fer de Liaogotze aux tombes; la IVe avec la garde le long de la route mandarine, de Pouho à Youlinpou.

L'état de ces troupes qui combattaient depuis 10 jours en moyenne sans aucun répit, souvent sans sommeil et sans nourriture chaude, ne permettait plus de leur demander aucun effort.

Quant à leur cavalerie, lancée fort en avant dans la vallée du Liao, elle ne pouvait que menacer sans cesse un des flancs de l'ennemi en retraite, mais, sans infanterie, elle ne pouvait l'entamer.

[1] Tokio, 11 mars, aux Légations.

Quant à l'armée russe, elle s'allongeait sur deux routes seulement et sur 45 kilomètres de longueur vers Tieling.

Elle était, sauf le 1er corps d'Europe et les troupes de Saroubaiev, dans un état de désordre effrayant pour qui ne connaît pas le soldat russe : toutes les unités confondues par les péripéties de la lutte et le grand nombre de détachements qu'on avait fait, marchaient pêle-mêle avec les convois, plus ou moins groupés en détachements (otriada) par l'initiative des officiers généraux et supérieurs présents.

Cependant, grâce à l'énergie de quelques chefs, notamment le général Dombrowski, les paniques furent rapidement arrêtées, mais elles n'en provoquèrent pas moins l'abandon de beaucoup de matériel roulant, dont 7 mortiers et 15 canons.

Mais le personnel, plus heureux, échappa en grande partie. C'est ainsi que dans la journée du 11, la garde japonaise, la plus à portée de la queue de l'armée russe, ne ramassa que 2,000 traînards.

Il en était tout autrement à Moukden même, où l'armée d'Oku trouvait et prenait environ 6,000 ivrognes, isolés volontaires ou non, outre 1,620 blessés trouvés dans les hôpitaux.

Achèvement de la retraite [1].

L'avant-garde de l'armée en retraite fut à Tieling le 11 au matin, et toute la journée les colonnes s'y entassèrent.

Les troupes intactes de Linievich : corps mixte de Saroubaiev et Ier corps d'Europe s'étaient arrêtés sur les hauteurs de la rive Nord du Ian-ho, prêts à les défendre au besoin. Ce jour-là, le IIIe corps de Sibérie eut un combat d'arrière-garde au Ouankaotaling avec les 2e et 11e divisions qui le poursuivaient venant de Fouchoun ; le soir, il vint prolonger la ligne du Fan-ho.

[1] Kouropatkine au Tzar, 11 et 12, 14 et 15.
Tieling à *Havas*, 12 et 14 ; id. au *Novoïe Vremia*, 12.
Armée de Kuroki à *Reuter*, 12.
Chantoufou au *Novoïe Vremia*, 16.
Rodes au *Matin*, de Kharbin, 17.

Cependant, à l'abri de cette ligne, on s'efforçait de tirer du chaos les régiments, les brigades et les divisions; ce travail marcha relativement vite et, dès le 13, les unités étaient reconstituées et campaient séparément. Fort vite aussi les hommes se remirent de leur énervement : deux bonnes nuits après tant d'insomnies y suffirent, et le soldat russe est ainsi fait qu'on eût pu les remettre en ligne le lendemain sans crainte de faiblesse.

Mais ce qu'on ne pouvait leur rendre c'étaient les canons, les charrois perdus, les cadres disloqués. Pour cela, il fallait du temps.

Pour comble de malheur, si la position de Tieling est couverte à l'Est par des montagnes d'une traversée difficile, elle ne l'est à l'Ouest que par le cours du Liao. Or, à ce moment, il était gelé, et loin de former obstacle, il constituait une voie d'attaque de plus.

Le général Kouropatkine résolut donc de quitter Tieling sitôt sa réorganisation achevée.

Les Japonais n'apparurent que le 13; ils montrèrent ce jour-là une seule brigade qui n'attaqua pas; le 14, ils se portèrent en force à l'attaque mais ne s'engagèrent pas à fond : le combat cessa à la nuit tombante avec une perte d'un millier d'hommes de part et d'autre.

Ce jour même, le gros de l'armée quittait Tieling, et Sarubaiev lui-même formant l'arrière-garde le traversait le 15 à midi.

Le 15 au soir, les Japonais l'occupaient [1].

[1] Tokio aux Légations, 15 et 17.

VIII. — Pertes et conséquences.

Pertes [1].

Les Russes perdaient :	*Officiers*	*Hommes*
Tués et disparus	608	31,224
Blessés	1,379	56,453
Contusionnés	433	4,956
ensemble	2,420	92,633

Ces chiffres ne concordent pas du tout avec ceux [2] donnés par les Japonais de 26,500 cadavres enterrés et 40,000 prisonniers, ce qui donnerait 66,500 pour le premier poste et 127,000 en tout.

Il est vrai que, dans les prisonniers, ils comptaient plusieurs milliers de civils : employés, fournisseurs, journalistes et membres de la Croix-Rouge qu'ils relâchèrent peu après — et les blessés non évacués, au nombre de 14,000. — Mais il resterait 18,000 hommes à expliquer....

Nous nous contenterons de remarquer :

1. Que le chiffre des pertes en officiers est certain, car il résulte des listes *nominatives* publiées en mars et avril. — Or, en le prenant pour base, au coefficient de 2 1/2 °/₀₀, on trouve

[1] Tokio aux Légations, 12.
Listes publiées dans le *Rousskyi Invalid*.
Chiffres du *Voennyi Sbornik*.

[2] Le 14 mai fut publié à Tokio un relevé général des prisonniers, que reproduisit le *Daily Telegraph* :

« Il portait 964 officiers, 8,558 sous-officiers, 50,769 hommes, soit au total 60,291 hommes. »

Or, 437 officiers et 23,491 hommes ayant été pris à Port-Arthur seul, d'après les rapports officiels japonais, il ne resterait pour les prisonniers de *tout le reste de la guerre, y compris Moukden*, que 527 officiers et 35,834 *hommes*.

Les prisonniers de Moukden ont donc bien été au nombre de 23 à 25,000 savoir 16,000 d'Hanenfeld et de Sollogoub, 2,000 à 3,000 traînards, et 5 à 6,000 isolés volontaires, pris dans la ville, y compris les non-combattants renvoyés ensuite.

Les morts ont été de 1/6 environ des blessés, soit 9 à 10,000, plutôt moins que plus, la proportion exacte n'étant pas de 1 à 6, mais en moyenne de 1 à 6,3.

que les pertes en hommes ont donc été proportionnellement de 96,800 hommes.

Or on sait, par les précédents combats, que les officiers russes s'exposent beaucoup; et nous avons vu que les unités russes étaient loin de leur complet en hommes.... La conclusion s'impose.

2. Quant à la disproportion du nombre des morts allégués par les Japonais avec celui des blessés, elle est plus frappante encore.

C'est bien la première bataille de l'histoire moderne où l'on aurait vu, à les en croire, cette proportion de **1 mort pour 2 blessés**, alors qu'elle a été de **1 pour 6** environ à Liao-Yang et au Cha-ho.

Il n'y a donc qu'une seule conclusion possible, et malheureusement elle s'impose : les Japonais ont cédé une fois de plus à la tentation d'« embellir » la vérité [1].

Elle était pourtant assez belle d'elle-même.

En effet, bien qu'une partie des prisonniers appartînt aux trains et services, les unités *combattantes* de l'armée russe perdaient 85,000 hommes environ, soit 27 °/₀ de leur effectif — savoir environ 21 °/₀ par le feu et 6 °/₀ prisonniers.

Les cadres perdant moins de « disparus » avaient très légèrement moins souffert. Deux généraux : Sollogoub et Hanenfeld (ce dernier blessé) étaient prisonniers.

En matériel de guerre, ils laissaient aux mains des Japonais les drapeaux du 5e chasseurs et du 162e (les autres de Sollogoub et Hanenfeld avaient été brûlés).

Soixante canons et mitrailleuses (16 d'Hanenfeld, 16 de

[1] Et nous ne prenons que les estimations *officielles* japonaises. Les journaux anglais amplifiaient encore. Tel *Reuter*, de l'armée de Kuroki 13, qui compte 35,000 morts, 60,000 prisonniers et 70 canons. Il évalue le total des pertes russes à 175,000 hommes (!!). Le *Times* se fait télégraphier de Tokio (18) que les Russes ont jeté 400 (!) canons dans le Houn.

Sollogoub, 3 pris à Tsinhotcheng, le reste ramassé au Nord de Moukden), et 150 caissons avec 200.000 obus et 25 millions de cartouches.

Mais, chose singulière, alors qu'ils avaient (?) 40.000 prisonniers et enterraient 26.500 morts (?) ils ne prenaient sur eux et ne ramassaient jetés sur les routes que 60000 fusils seulement.

Ce fait est à rapprocher des remarques faites un peu plus haut.

Les Japonais avouaient une perte totale de 41.200 hommes, officiers compris [1]. Le détail n'en a pas été donné et tout moyen de contrôle fait défaut.

Admettons ce chiffre provisoirement, tout en nous rappelant la destruction de la brigade Nambou, aux « Trois Maisons, » celle de la brigade Sibachi, devant Poutylov, toutes deux avouées de source japonaise, les onze assauts sanglants de Kaotouling, et les deux attaques meurtrières de la 5e division contre Makiapou.

En admettant leur chiffre, les pertes des Japonais n'auraient été que de 12 °/o environ des combattants, ce qui serait vraiment économique, eu égard à la durée ainsi qu'à l'ardeur de la lutte, et aux 21 °/o de pertes par le feu subis par l'adversaire.

Le maréchal Oyama n'avait pu, malgré ses efforts, acculer l'armée russe en un nouveau Sedan, et terminer court la campagne par un coup de foudre. Conséquences.

Il restait une armée russe.

Mais cette armée était à jamais réduite à l'impuissance :

1° Parce qu'il lui était matériellement impossible de reconquérir l'égalité numérique ;

2° Parce que sa seule partie pensante, le corps d'officiers,

[1] Tokio : 12 février aux Légations.
« Nos pertes totales depuis le 26 février jusqu'à la matinée du 12 s'élèvent à 41,222. »
Ce chiffre ne comprend donc pas les pertes du 19 au 25, c'est-à-dire celles de Tsinhotcheng, de Taling et des attaques de la 1re armée sur le Kaotouling et le Ouaitochan.

avait le moral profondément ébranlé par toute une série de défaites;

3° Parce qu'elle avait abandonné la capitale mandchoue, but de la guerre, et n'y pourrait rentrer qu'au prix d'une bataille pour retraverser la position de Tieling, nulle au moment de sa retraite, formidable à forcer après le dégel.

Ajoutons encore que la perte de Moukden pouvait changer l'attitude de la Chine et la faire sortir de sa neutralité d'un moment à l'autre. La partie était donc bien perdue, et le commandement russe ne se fit certainement aucune illusion sur ce point.

L'armée fut renforcée tant qu'on put, à force, mais on ne la voit plus bouger désormais.

Appréciations.

Le 15, le général Kouropatkine adressait sa démission au Tzar, et le général Linievich le remplaçait le 17.

Par cette démission, le général Kouropatkine reconnaissait qu'il n'avait plus comme au début la confiance de ses troupes. Le fait que le vieux Linievich, populaire dans l'armée, fut choisi pour le remplacer confirme cette thèse — d'autant plus que l'ex-généralissime ne quitta que le commandement en chef et reprit presqu'immédiatement celui de la Ire armée.

L'opinion de l'armée russe était-elle erronée? Non, si l'on ne se base que sur les faits. Il est, en effet, difficile d'expliquer les motifs :

1. Du transfert du 1er corps entier, et de deux autres divisions à l'Est le 24, soit quatre fois plus qu'il n'y fallait;

2. De l'envoi de Birger à Sin-min-ting.

3. De l'obstination à rencontrer Nogi en tête en s'allongeant de plus en plus devant lui, au lieu de le frapper en queue, dans l'intervalle qui le séparait de la IIe armée.

4. De l'abandon de l'offensive en tête de Nogi elle-même, le 7 mars, rien qu'à cause de l'affaire des Trois Maisons.

5. Du prélèvement le 8 de 50 bataillons sur la Ire armée qui permit l'affaire de Kouisan, alors que de ces 50 bataillons la plus grande partie resta inutile à Taoua.

Et comme l'on ne peut dire, cette fois, que toute cette série de fautes lui fut commandée de Pétersbourg, force est bien de reconnaître qu'en lui imputant en grande partie la défaite, l'armée russe n'avait pas tort et qu'il s'était montré en dessous de sa tâche, effrayante il est vrai.

Quant aux commandants d'armée et de corps, Linievich s'était montré à la hauteur de ses fonctions.

Par contre, le général Kaulbars semble avoir montré plus de zèle que d'intelligence de la situation; il faut lui imputer certainement le refus d'évacuer ses convois dès le 8, alors qu'il en avait l'ordre formel, et probablement, l'attaque par petits paquets à Salinpou et l'abandon de l'offensive au Nord le 7 mars.

Quant au commandant par interim de la cavalerie, il ne fit rien. L'armée russe avait une fois de plus montré sa ténacité dans les retranchements, mais aussi son incapacité d'offensive résultant d'une ignorance presque totale des procédés modernes de combat, du chargement trop lourd du soldat, du défaut d'initiative individuelle à tous les degrés de la hiérarchie, et, il faut bien le dire, d'instruction. Chaque fois qu'elle attaqua, elle fit des pertes énormes pour la raison, qui à elle seule suffirait, qu'elle attaquait en colonnes de bataillon sur front de compagnie. Parfois — mais pas toujours — ces compagnies étaient déployées en tirailleurs, mais même alors elles se suivaient en colonne à 50 pas.

Aussi ces offensives se comptent; il y en eut tout juste cinq : deux à Salinpou, deux à Tatchekiao et une aux Trois Maisons. Partout ailleurs, le combat fut purement défensif. Sans quoi, les pertes eussent été plus terribles encore.

Quant aux Japonais, leur principal mérite est d'avoir diagnostiqué le point exact de liberté qu'ils pouvaient prendre avec les lois de la stratégie, en raison de ce qu'ils savaient de l'incertitude des renseignements et de l'inhabileté manœuvrière de leur adversaire.

Avec la faible supériorité numérique dont ils disposaient, la résolution de s'en prendre à la fois aux deux ailes de l'ennemi, même en alternant l'effort, était audacieuse, et il est permis de croire qu'elle aurait pu leur coûter cher devant un adversaire qui eût *voulu* manœuvrer et qui s'y fût préparé.

Pour relever tous les cas où l'audace les servit bien, il faudrait revenir presque sur tous les incidents de la lutte, mais l'exemple le plus frappant est celui des Trois Maisons : entre les IIe et IIIe armées s'étend un espace de 10 kilomètres. La seule 3e division japonaise l'occupe ayant en face 3 divisions russes. Si elle se borne à les observer, elles l'attaqueront, l'écraseront et prendront Nogi en queue. Elle choisit donc une des divisions russes, bondit dessus et l'abîme. Non seulement les deux divisions voisines collées à leurs retranchements ne bougent pas, mais, ce qu'elle n'espérait pas, elle a attiré la réserve générale sur le point de son attaque.

Donc, le commandement japonais a montré au plus haut point la connaissance de l'ennemi, et puisque ses fautes elles-mêmes ont réussi, il faut les considérer comme des habiletés.

Quant à l'éloge du soldat japonais, il n'est plus à faire : l'alliance d'instincts combatifs tels qu'on ne les trouve plus en dehors des peuplades primitives et d'une instruction généralisée, fait de la nation japonaise un instrument de guerre de premier ordre.

C'est grâce à cette alliance de bravoure et d'intelligence qu'ils ont pu faire une si large part à l'initiative individuelle, attaquant en colonnes de peloton, de section et même d'*escouade* par le flanc, tant était grande leur confiance dans leurs cadres, jusqu'au dernier des caporaux inclusivement.

Ce sont ces formations, impossibles dans l'armée russe, chanceuses même dans la plupart des armées européennes, qui leur permirent non d'éviter des pertes, mais d'arriver aux positions ennemies avec assez de monde pour les enlever.

C'est à elles qu'ils doivent leur victoire plus encore qu'à leur état-major. Quant aux autres armes, les deux artilleries se balançaient, et le rôle de la cavalerie fut nul de part et d'autre.

L'armée russe à Moukden.

Commandant en chef : Général KOUROPATKINE.

État-Major :	L. G. Sakharov;	G. M. Zabieline, Blagovestchenski.
Quartier-maître :		G. M. Evert.
Artillerie :	L. G. Ivanof;	G. M. Mikheiev.
Génie :	L. G. Alexandrof;	G. M. Miaskovski.
Intendance :		G. M. Huber.
Topographie :		G. M. Gladitchev.

RÉSERVES GÉNÉRALES.

1er corps de Sibérie L. G. Guerngross (p. i) [1]. M. G. von der Brunken. M. G. Olitchevski.	1re Div. chass. M. G. D. Tusnicki (p. i. [2]).	C. Lesch (1er) [3].	1er chass. Sib.,	....
			2e »	Ivanov.
		Col. Zemlianin [4].	3e »	....
			4e »	Kotioujinski.
		M. G. Sevastianov.	1er art. chass.	
	9e Div. chass. L. G. Kondratovich.	M. G. Krause.	33e chass. Sib.,	Bouniev.
			34e »	Mouskielov.
		Col. Botchinski (36e) [5].	35e »	Broublevski.
			36e »	....
		Col. Konradi	9e d'art. chass.	
	Brigade de la 6e Div. chass.	M. G. Kritchinski.	23e chass. Sib.,	Koukourane.
			24e »	Letchitzki.
	Cavalerie.	M. G. Pavlov.	Dragons Primorsk.	
			Cosaques, Oussouri.	
			1er bataillon de sapeurs, Sidorin.	

[1] Remplaçant Stackelberg, rentré en Europe.
[2] » Guerngross.
[3] » D. Tusnicki.
[4] » Maximovich, rentré en Europe.
[5] » Zykov, id.

Corps	Division	Brigade	Régiments
XVIe corps L. G. Topornine. E.-M. A. M. G. Nitchenkov.	25e Div. L. G. Weil.	M. G. Kley.	97e Livonie. 98e Jouriev, Adaridi. 99e Ivangorod, Schreider. 100e Ostrov, prince Gedroitze. 25e d'artillerie.
	41e Divis. L. G. Birger.	M. G. Elliott.	161e Alexandropol, Prosinski. 162e Akhalzich, Gavrilov.
		M. G. Fleischerr.	163e Lenkoran. 164e Sakatal.
		M. G. Vandrovski.	45e d'artillerie.
			16e bataillon de sapeurs.
Divers.	Garde du Quartier-Général.		85e Vyborg, Tortchalovski. 146e Tzarotzin, Daniltchouk. Cosaques de l'Amour. 4e régim. de mortier, Sergiev. 5e » Ivanov.

Ire **ARMÉE** : Général Linievich.

État-Major : L. G. Karkevich; M. G. Klodt.
Quartier-maître : M. G. Oranovski.
Artillerie : L. G. Van der Vliet.
Génie : L. G. Prince Toumanov; Col. Iazikov.
Intendance : Col. Kozerov.

Corps	Division	Brigade	Régiments
Ier corps G. Meyendorf. E.-M. M. G. Stolitch. A. M. G. Trozowski.	22e Div. M. G. Novikov (p. i.) [1].	Col. Zayontchovski (86e) [2].	86e Wilmanstrand, ...
		Col. Anoutkine (88e) [3].	87e Neuschlot, Roudenko. 88e Petrov, ...
		M.G.Kokhanov.	43e d'artillerie.
	37e Div. L. G. Selivanov.	M. G. Mandreika.	145e Novotcherkask, Karpov.
		M. G. Polzikov.	147e Samara, Tcherbinski. 148e Caspienne, Freyman.
		C. Teodorovich.	7e d'artillerie.
	2e brig. 5e Div. chasseurs.	M. G. Poutylov.	19e chass. Sib., Sytchevski. 20e » Gaida
			1er bataillon de sapeurs.

[1] Remplaçant Koutnevich, détaché.
[2] » Fritsch, en congé.
[3] » Novikov.

Corps	Division	Brigade	Régiments
IIe corps de Sibérie L. G. Zassoulich. E.-M. M. G. Pappenhout. A. M. G. Veliamovich.	2e Div. inf. Sib. M. G. Lewestam.	M. G. Tschileïko.	5e Irkoutsk, Vstavskyi.
			6e Eniseïsk, Mouffel.
		Col. Ouspenski (8e) [1].	7e Krasnoïarsk, Riedtko.
			8e Omsk, ...
		Col. Wittman.	2e d'art. Sib.
	1re brig. 5e Div. chass.	M. G. Okoulitch.	17e chass. Sib., Rjepetzki.
			18e id., Toumila Denisovich.
		M. G. de Brouk.	5e d'art. chass.
			1er cosaques Argoun, Douknine.
			3e sapeurs Sib., Jdanov.
IVe corps de Sibérie L. G. Sarouhaiev. E.-M. M. G. Bebel. A. M. G. Osipov.	1re Div. inf. Sib. M. G. Morozov.	Col. Popovich Lipovats (3e) [2].	1er Striaitensk, Tchestakov.
			2e Tchika, Koumitzevich.
		M. G. Istomine.	3e Nertchinsk, ...
			4e Verkne Oudinsk, Tchanitchev.
		Col. Vever.	1er d'art. de Sib.
	3e Div. inf. Sib. M. G. Oganovski (p. i.) [3].	C. Douskevich (9e) [4].	9e Tobolsk, ...
			10e Omsk, Vladimirov.
		C. Dobrotine (12e) [5].	11e Semipalatinsk, Stelinitzki.
			12e Barnaul, ...
			2e brig. d'art. montagne.
			7e cosaques Sib.
			4e bataill. sapeurs, Troianov.
IIIe corps de Sibérie	3e Div. chass. Sib. M. G. Kachtalinski	M. G. Mardanor.	10e chass. Sib., Tourov.
			11e » Yablochkin.
		C. Tzyboulski [6].	12e » ....
		M.G. Schewrin.	3e d'art. chass.
	M. G. Ekk.	M. G. Pogoredzki.	281e Drissa, Tchirokov.
			284e Tchembasrk, Beimelbourg.
		Col. Mitkevich	1er d'art. montahne.
	Baumgarten [7]. M. G.	Col. Ernovski [8].	4e cosaques Sib., ...
		M. G. Pce Toumanov.	5e cosaques Sib., ...
			8e » Staenbock Farmor.

1 Remplaçant Rehbinder, en congé.
2 » Masslov, détaché.
3 » Kossovich, en congé.
4 » Oganovski.
5 » Plitchkov, en congé.
6 » Stolitch détaché.
7 » Samsonov en congé.
8 » Baumgarten.

Corps dit « de l'Est » L. G. Alexeiev.	6e Div. chass. M. G. Danylov.	Col. Lasskyi [1].	21e chass. Sib., ...
			22e » Garnitzki.
		....	9e » Meskhiev.
		Col. Meister.	6e d'art. chass.
	Brig. de la 71e Div.	M. G. Noudjevski.	282e Tchernoïarsk, Tiechanov.
			283e Bongoulmin, Zarakovvski.
			Art. montagne.
	Brigade à pied Transbaïkal.	M. G. Masslov.	1er, 2e, 3e batt. à pied.
			4e, 5e, 6e »
	Cosaques Transbaïkal. M. G. Grekov II [2].	M. G. Peterhov.	2e cos. Tchita, Zakijevski.
			2e » Verkne Oudinsk, Perevalof
			2e » Argoun, Koblinkine.
			3e batt. Transbaïkal.
		Col. Madritov.	2e cos. Nertchinsk, Troukine.
			4e batt. Transbaïkal.

IIe ARMÉE : Général Kaulbars.

État-major :	L. G. Rousskyi ;	M. G. Volkov, Kononov.
Artillerie :	L. G. Kakhonov ;	Col. Lezedov.
Génie :	M. G. Nikolenko ;	M. G. Voëvodski.
Quartier-maître :	M. G. Pflueg.	
Intendance :	Col. Sternberg.	

VIIIe corps L. G. Milow. E.-M. M. G. Martos. A. M. G.	14e Div. L. G. Roussanov.	G. M. Gliebov.	53e Volhynie.
			54e Minsk, Zoubkovski.
		G. M. Hanenfeld.	55e Podolie, Vassiliev.
			56e Jitomir.
		Col. Bazarevski	29e d'art.
	15e Div. L. G. Ivanov.	G. M. Nekrazov.	57e Madlin, Kondratzki.
			56e Pragos, Abakanovich.
		G. M. Golembatovski.	39e Lublin, Kouznetchov.
			60e Zamon, Antonovich.
		Col. Tontzevich	41e d'art.
			9e cos. Orenb., Tchoubtnikov.
			12e baton sapeurs, Mietchaline.

[1] Remplaçant Iatzinine en congé.
[2] » Rennenkampf à l'ouest.

Corps	Division	Brigades	Régiments
X^e corps L. G. Tzerpitzki [1]. E.-M. M. G. Tchourikov. A. M. G. Slezkine	9e Div. L. G. Harschelman [1].	M. G. Tchatilov [1].	33e Glotz, Voltchanovki.
		M. G. Idanovski.	35e Briansk, Kviatkovski. 36e Orel, Ostrovski-Bykov.
		Col. Soukinski.	9e d'art.
	31e Div. M. G. Vassiliev [2].	Col. Markov (121^e) [3].	121^e Penzo, ... 122^e Tambov, Muller.
		C. Ryesnovienki (124^e) [4].	123^e Kozlov, Solomka. 124^e Voronije, ...
		Col. Kozinski.	31^e d'art.
			1er cosaques Orenb, Nicolaev.
			6^e batt. sapeurs, Malitcheski.
Chasseurs L. G. Koutnevich [5]. E.-M. A. M. G. Dekyalin.	1re brig. chass. d'Europe :	M. G. Petrov.	1er chass., Soboleski. 2^e » Von Gennigs. 3^e » Yanoutchovski. 4^e » Bobrovski. Groupe d'art., Somov.
	2^e »	M. G. Dombrovski	5^e chass., Romanovski. 6^e » Kostellaz. 4^e » Rosenschild. 8^e » Fevraliev. Groupe d'art.
	5e »	M. G. Tchourin.	17e chass., Bielkovich. 18e » .... 19e » .... [6]. 20e » Rezine. Groupe d'art.
	3e [7] »	M. G. Sollogoub	9e chass., Resoukhine. 10e » Mizevich. 11e » Voeikov. 12e » Patchkoski. Groupe d'art.

[1] Le 4 mars Tzerpitzki prend le commandement de l'armée du Sud, Harschelman celui du Xe corps et Tchatilov celui de la 9e division.
[2] Remplaçant May en Europe.
[3] » Schijevich en Europe.
[4] » Vassiliev.
[5] Détaché du Ier corps sans nomination officielle.
[6] Les colonels Ioudenich et Krinitzki blessés à Sandepou n'avaient pas rejoint.
[7] Cette brigade ne rejoignit qu'à partir du 7 mars.

Cavalerie L. G. Rennenkampf [1].	Oural Transbaïkal. M. G. Abramov.	G. M. Lioubavine.	4e cosaques Oural, Sokolov. 5e » Soloviev.
		....	1er cos. Tchita, Svietchnikov. 1er » Verkne Oudinsk, Levenhaupt.
			1re, 2e batt. Transbaïkal.
	Orenbourg. L. G. Grekov [2].	G. M. Tolmaschev.	11e cos. Orenbourg, Gouriev. 12e » Bykov.
			1re, 2e batt. Orenbourg.
	Brigade « sauvage »	G. M. Pce Orbelian.	Daghestan, Von Gillenschmid. Terekkouban, Cte Schouwalov.
	Brigade mixte	G. M. Kosogovski.	Gardes-frontières, Jounger. 215e d'inf. Bouzoulousk, Pce Amylakorou. Batt. GF., Benedzki
	Don. M. G. Telischev.	G. M. Smolanov	19e cosaques Don, Pakomov. 24e » Popoff.
		....	25e » Mezentzev. 26e » Bagaev.
			2e, 3e batt. Don.

IIIe ARMÉE : Général : BILDERLING [3].

État-major : L. G. Martson.
Artillerie : L. G. Tichobrazov.
Génie : L. G. Litachev; M. G. Kolialikovski.
Intendant : Col. Erdman.

XVIIe corps. L. C. Dobrjinski [4]. E.-M. M. G. Tyzenhausen. A. M. G. Terpilovski.	3e Division Col. Witte (12e) [5].	Col. Zotschenko (9e) [6].	9e Ingrie, ... 10e Nlle Ingrie, Sokolov.
		Col. Groulev (11e) [7].	11e Pskov, ... 12e Velikiluki, V....
		Col. Gaïtenov.	3e d'artillerie.

1 Remplaçant Mitchenko blessé à Sandepou. Rappelé à l'est le 21 février et remplac par Grekov.
2 Le 16 février, cette division est détachée et envoyée à Fakoumeun.
3 Remplaçant Grippenberg.
4 » Bilderling.
5 » Janschoul en Europe.
6 » Zatchouk en convalescence.
7 » Yakoubinski en Europe.

Corps	Division	Brigades	Régiments
	35e Division G. M. Glinski [1].	Col. Orlov (138e) [2].	137e Njäschin, Akvlediany. 138e Bolchov, ...
		G. M. Glasko.	139e Morchansk, Vasilewski. 140e Saraïsk, ...
		Col. von Akkerman.	55e d'artillerie.
		Col. Zenkevich [3].	51e dragons, Boukriev. 52e » Stakovich.
			17e bat. sapeurs, Gladitchev.
Ve corps de Sibérie. L. G. Dembovski. E.-M. M. G. Stavrovich. A. M. G. Stoianov.	54e Division M. G. Artamonov.	G. M. Petrov.	213e Orovaïsk, Romitchevoki. 214e Mokchansk, Pobivanev.
		G. M. Lissovski.	34e Eletz, Tchitkovitch. 216e Iusarsk, Mamov.
		G. M. Eris-khan-aliev.	26e d'artillerie.
	61e Division M. G. Podvalniok.	G. G. Priazlov.	242e Belebei, Vorobiev. 243e Zlatooust, Oglobiev.
		G. M.	244e Borisov, Semenenko.
		Col Vinogreiev.	½ 10e cosaques Oremb. Bolgine.
			5e sapeurs Sib., Sollogoub.
VIe corps de Sibérie. L. G. Sobolev. E.-M. M. G. Postovski. A. M. G. Wolkovitzki.	55e Division G. M. Laiming.	G. M. Frankovski.	217e Krom, Lvov. 218e Borisov, Konstantinov.
		G. M. Dobrovolski.	219e Ioknov, Volkov. 220e Iepifan, Tario.
		G. M. Krajeski.	6e d'artillerie.
	72e Division [4], M. F. Radkevich.	G. M. Bolotov.	285e Mzensk, Nazarevski. 286e Kirsanov, Nazarb:kov.
		G. M. Kouzov.	287e Tarous Tchichkin. 288e Koulikov, Lavrentiev.
		Col. Ruzoumov.	10e d'artillerie.
			½ 10e cosaques Oremb.
			6e sapeurs Sib., Malitchev.

1 Remplaçant Dobrjinski.
2 » Glinski.
3 » Stepanov en Europe.
4 » Tougan-Mirza Baranovski (en Europe).

XVII. — Tsoushima.

Le voyage. Nous avons vu l'escadre se concentrer tout entière à Tanger après l'affaire de Hull.

Elle y resta jusqu'au 5 novembre, puis se scinda.

L'amiral Rodjestvensky, avec les 4 cuirassés neufs l'*Osslíablia*, les *Nakhimov*, *Donskoï*, *Aurora*, l'atelier *Kamtchatka* et les transports réguliers *Corea* et *Meteor*, prit la route du cap de Bonne-Espérance; il fit du charbon en mer au large de Dakar du 12 au 17, au large de Swakopmund le 28; et dans la baie d'Angra Pequena, le 14 décembre.

Durant ce long voyage de 13,000 milles, seul le navire-hôpital *Orel* était entré à Capetown pour faire des vivres.

Le 1er janvier 1905, l'escadre arrivait dans les eaux de Madagascar et mouillait dans la baie de Passandava, en dehors de la limite des eaux territoriales.

L'amiral Folkersahm, avec les deux vieux cuirassés le *Jemtchoug*, l'*Almaz*, et le *croiseur* le *Svietlana*, se rendit à La Canée, port occupé internationalement.

Il y attendit les vaisseaux volontaires et transports venus de la mer Noire et fit réparer le *Bravyi*, contre-torpilleur avarié.

Les navires attendus rallièrent du 14 au 22; c'étaient les *Vladimir*, *Tambov*, *Iaroslav*, *Voroneje*, *Kiew* et les transports *Jupiter*, *Merkur*, *Kitaï* et *Gortchakov*. Il partit le 22 et franchit le canal — sans charbonner — du 24 au 26; mais il séjourna à Djibouti du 2 au 14 décembre, charbonnant ou croisant, toujours en dehors des eaux territoriales. Le 3 janvier, il rejoignait Rodjestvensky dans la baie de Passandava.

Enfin, du 14 au 16 décembre, les vaisseaux qui ne s'étaient pas trouvés prêts au départ quittèrent Libau. Ils étaient placés, pour la route, sous le commandement du capitaine de vaisseau Botrovski (de l'*Oleg*). C'étaient les croiseurs *Oleg* et *Izoumrug*, auxiliaires *Rion*, *Dnieper*, *Terek*, *Kouban*, contre-torpilleurs *Prosarlivoy*, *Grosnyi*, *Gromki*, *Resvoy*, *Pronzitechny*.

Ce voyage fut plus mouvementé. On charbonna au cap Skagen, le 22 novembre, et au large de Douvres, le 26. Mais le *Prosarlivoy* dut entrer à Frederickshaven pour une réparation qui dut être sommaire, le Danemark appliquant la règle des 24 heures, puis à Brest où il se répara suffisamment pour la route — tandis qu'en même temps, le *Pronzytechny* également avarié entrait à Cherbourg. Le 2 décembre, la division charbonna au large du cap Finistère et, rejointe par les torpilleurs réparés, parvint à Tanger le 4.

Mais le *Resvoy* doit encore entrer à Alger pour avarie d'hélice. Enfin, du 11 au 14, la division se reconcentre à la baie de la Sude (Crète), mais 2 torpilleurs doivent être envoyés en réparation au Pirée. Sans les attendre, Botrovski passa le canal du 10 au 12, et fut devant Djibouti le 18 janvier. Lui aussi séjourna longtemps : il ne partit que le 3 février, après avoir été rejoint par le transport *Irtych*. Le 19, il rejoignait Rodjestvensky.

Ainsi l'escadre dont on annonçait d'abord qu'elle ne partirait pas, puisqu'elle ne trouverait d'abri ni de charbon nulle part, était partie, n'avait demandé d'abri que pour ses navires avariés, de charbon qu'à ses charbonniers flottants — et maintenant elle se trouvait concentrée dans la main de son chef, à moins des 2/5 du chemin à parcourir.

Malheureusement, il était trop tard : Port-Arthur était tombé le 1er janvier et cela remettait tout en question, car désormais l'escadre :

a) N'était plus égale à la flotte japonaise, car celle-ci pourrait disposer de toutes ses forces en haute mer, le blocus de Port-Arthur ayant pris fin.

b) N'aurait plus pour unique port de refuge que Vladivostock.

Aussi l'on annonça de toutes parts, en Europe, que l'ordre de retour était lancé.

La question valait en effet d'être posée, mais à Pétersbourg, on ne voulut à aucun prix renoncer à courir la chance d'obtenir un résultat de l'énorme effort financier qu'on avait produit pour la constitution de cette escadre.

L'amiral Rodjestvensky reçut donc l'ordre de demeurer en position jusqu'à la constitution d'une division de renfort.

La division de renfort.

On s'avançait beaucoup en promettant cette division : on avait en effet incorporé à l'escadre principale tous les navires relativement modernes et marchant bien dont on disposait pour 1904. Le cuirassé *Slava* était trop peu avancé, le *Pamyat-Azowa*, en revision complète des machines, qui ne pouvait s'achever à temps....

La division se composa donc de l'antique *Nicolas Ier*, qui avait filé 16 nœuds dans son jeune temps, du *Vladimir Monomach*, à cuirasse dérisoire de 18 cent. d'acier *simple* et marchant à 15 nœuds et de 3 *garde-côtes*, dont le seul nom synthétise les 16 nœuds, le faible approvisionnement de charbon et le défaut d'artillerie moyenne. Le 29 décembre, l'amiral Nebogatov accepta le commandement de cette division et l'on s'occupa de l'armement.

Mais si la question des équipages avait été épineuse pour l'escadre principale, elle devint ici presqu'insoluble.

On rappela le fond des réserves de la marine, ce qui donna 800 *hommes*, mais, rien que pour les unités combattantes, il en fallait 2079 [1]!

Pour les atteindre, on provoqua les permutations dans les troupes de l'armée de terre : c'est ainsi qu'un capitaine de hussards qui avait jadis fait du yachting en amateur fut bom-

[1] *Times*, 31 janv.

bardé capitaine de frégate, commandant en second d'un bâtiment. On gracia des condamnés des bataillons disciplinaires, et, tous ces expédients ne suffisant pas, on dut comprendre sur les rôles d'équipages des conscrits maritimes de l'année, ayant donc quelques jours à peine d'incorporation.

Telle quelle, cette malheureuse division partit le 15 février. Ses étapes furent Skagen (21), au large de Cherbourg (27), Tanger (8 mars), la Sude (13), Port-Saïd et le canal (24), Djibouti (3 avril).

Mais déjà Rodjestvenski avait quitté Madagascar (16 mars). La 3e division quitta donc Djibouti dès le 8, pour le rejoindre directement dans les mers de Chine.

Dans les mers de Chine. — La question de neutralité.

L'escadre principale franchit le détroit de Malacca le 8 avril, sans s'arrêter. Fort probablement, elle avait charbonné en route, mais l'on n'en a pas connu le lieu.

Le 14, l'*Orel* (hôpital) entrait seul à Saïgon. Le 18, on apprenait à Tokio que l'escadre était « *dans* la baie de Camranh. »

Cette baie de Camranh est un port naturel bien abrité, mais dépourvu de toute installation quelconque; une société privée avait obtenu du gouvernement français l'autorisation d'y entreposer, pour l'usage des navires de commerce, 500 tonnes de briquettes et 200 de charbon japonais. Il n'y existait du reste ni navire stationnaire français, ni même de télégraphe.

Les navires russes ne pouvaient donc, avec la meilleure volonté même, y contrevenir au règlement de neutralité français ainsi conçu : « Interdiction d'accroître le nombre et la » force des canons et d'embarquer des armes ou munitions » provenant d'un bâtiment de la même nation. »

Ils ne pouvaient même pas y jouir des facultés que ce règlement accorde, savoir « réparer des avaries compromettant la sûreté du bâtiment, » ni prendre du charbon « la » quantité nécessaire pour regagner le port *national* le plus » proche. »

Le seul avantage qu'offrait cette rade c'était donc de permettre aux navires charbonniers d'attendre en sûreté l'arrivée de leurs clients, mais on ne voit pas pourquoi ceux-ci, qui s'étaient tenus en dehors des eaux territoriales sur toute leur route, sauf le cas d'avarie, se seraient amusés à entrer *dans* cette baie qui ne leur offrait aucun avantage particulier. L'amiral de Jonquières arrivé le 17 sur le *Takon* le constata du reste.

Le Japon saisit cependant ce prétexte pour des réclamations dont la violence étonna beaucoup.

Il est vrai qu'il avait tant réclamé déjà :

1. En novembre, il proteste contre le passage de l'escadre à Vigo : alors qu'elle n'y était retenue que par condescendance pour l'Angleterre et en attendant la solution de l'affaire de Hull.

2. Il proteste aussi le 17 à raison de l'entrée d'un navire avarié à Brest, bien que le règlement français ait été observé.

3. Le 25, il proteste en Angleterre contre la vente de charbon de Cardiff aux Russes. Cela passe les bornes, et le grave *Times* lui-même est forcé, malgré ses sympathies, de lui faire remarquer « que depuis la guerre, l'Angleterre a livré » au Japon pour 1 1/2 million de vêtements et draps, 2 mil» lions d'armes et munitions et 3 1/2 millions de charbon — » que dans les deux dernières semaines encore il a passé des » commandes pour 100.000 tonnes — enfin — précieux aveu, » que presqu'aucun navire ne quitte le Royaume-Uni pour le » Japon sans emporter de la contrebande [1]. »

Cependant, pour lui donner satisfaction, le ministère anglais publie le 27 une circulaire interdisant d'affréter des navires pour suivre l'escadre russe, et le 2 décembre on met l'embargo sur le vapeur allemand W. Menzel *soupçonné* d'avoir livré une *précédente* cargaison aux Russes !

[1] *Times*, 22 nov.

4. Inutile de dire que le séjour de Rodjestvenski à Madagascar, de Folkersahm à Djibouti souleva de nouvelles réclamations. Le 17 janvier, le ministre anglais, par un communiqué aux journaux, fait remarquer que l'escadre s'est tenue en dehors des eaux territoriales et que d'ailleurs il dépend des Japonais de profiter à Saïgon des règles de neutralité françaises.

Il ne fut pas fait de représentation diplomatique, mais le 9 mars un député socialiste français éprouva le besoin, on ne sait sur quelle suggestion, d'interpeller le gouvernement à ce sujet. Ce fut l'occasion d'une déclaration officielle qu'il n'était entré dans les trois ports de Madagascar et à Djibouti que des navires neutres ou portant le pavillon commercial et que les navires de guerre se tenaient en dehors des eaux territoriales.

5. La presse japonaise dit par avance pis que pendre du gouvernement hollandais, incapable, selon elle, de défendre sa neutralité. Cette campagne révoltante dura tout le mois de décembre.

6. Mais l'affaire de Camranh [1] dépassa tout ce qu'on peut rêver. Le 18 avril, la presse japonaise est déchainée : selon elle, la Russie se sert de l'Indo-Chine comme d'une base d'opérations : la France devient belligérante, et l'Angleterre doit intervenir aux termes du traité.

Le 20, M. Motono ambassadeur à Paris, entretient de la question M. Delcassé. Le même jour, le journal *Nishi-Nishi* imprime des menaces de conquête contre l'Indo-Chine, montrant ainsi le bout de l'oreille.

On apprend aussi que le Japon a fait part de la prétendue violation de neutralité aux puissances.

Mais on apprend en même temps sur quelle base il se fonde : c'est un rapport « d'une source certaine » mais qu'on

[1] Communiqué japonais du 23 avril.
Saint-Pétersbourg, 24 au *Times* (extraits de la note française à la Russie).

n'a garde de citer, disant que « on a vu en *dehors* de l'entrée » deux croiseurs croisant, huit navires de guerre et deux » marchands, à l'intérieur cinq navires *ressemblant* à des » cuirassés. Une *épaisse fumée* s'échappait de l'intérieur du » port [2]. »

C'est cette fumée qu'on oppose aux rapports de l'amiral de Jonquières.

Noter, pour mieux poser encore la question, que le règlement français *n'interdisait même pas l'entrée de la rade*, que celle-ci manquait de tout ce qu'il était défendu d'embarquer : charbon et armes, et, — pour comble — que le 12 mars, deux croiseurs auxiliaires japonais battant pavillon de guerre y étaient eux bel et bien entrés et y avaient fait des sondages [1].

La réponse était donc tout indiquée : rappel poli à la souveraineté de la nation sur ses colonies qui y rend exclusivement applicables ses propres règlements. Eh bien! ce ne fut pas cela du tout.

Tous les journaux français sérieux n'avaient qu'un avis sur cette question. Mais la presse anglaise et japonaise ne discutait même plus; son seul argument était : sans l'aide (?) de la France, l'escadre ne serait pas arrivée.

S'il avait été seul, cet argument n'aurait pas pesé lourd, mais il y avait mieux : la crainte de voir l'Indo-Chine menacée de suite après la guerre.

Sans attendre que l'Angleterre appuyât la réclamation Motono, la France envoya donc au gouverneur d'Indo-Chine l'ordre de veiller à la stricte application des règles de neutralité française — ce qui ne changeait rien — mais surtout elle pria le gouvernement russe d'ordonner à l'amiral Rodjestvensky de quitter les eaux territoriales françaises.

[1] Communiqué du département de la marine à Tokio, 22 avril.
[2] Courrier d'Haïphong, 12 mars.

Le 22 avril, cela fut exécuté; il ne resta à Camranh et en vue de cette rade que des transports. L'escadre alla attendre Nebogatov en face de la baie de Houkoe, (30 avril), mais toujours *hors des eaux territoriales;* ce ne devait plus être long, car il devait passer Malacca le 14 mai.

Ici le comble du ridicule fut atteint : dans son horrible terreur des menaces japonaises, le gouvernement français envoya, le 2 mai, l'amiral de Jonquières à bord du *Guichen*, pour sommer l'escadre russe de se tenir non pas même à la limite *des eaux territoriales* [1] *mais au large des côtes.* Dès le 3, l'amiral Rodjestvenski, lié par les ordres de son gouvernement, obéissait à cet ordre étrange.

Mais il ne faut pas croire que cela désarma la presse japonaise : l'occasion de poser des jalons vers la conquête de l'Indo-Chine était trop belle....

Leur vengeance prit même un caractère assez mesquin : le capitaine en retraite Bougoin, ancien instructeur de leur armée, établi au Japon depuis sa jeunesse et s'y étant marié, fut arrêté. Son crime? Avoir envoyé aux journaux français des *lettres* sur des événements vieux de 15 jours à un mois. Il n'en fut pas moins condamné à 10 *ans de travaux forcés;* mais gracié (en juillet).

D'ailleurs, la question changea rapidement de face. Le 9 mai, la jonction avec Nebogatov se fit en pleine mer, faute de mieux, et toute l'escadre partit pour Vladivostok.

Forces en présence :

L'escadre russe se répartit en deux divisions cuirassées sous les amiraux Folkersahm et Nebogatov, et une division légère sous l'amiral Enqvist.

[1] Déclaration Balfour 9 mai à la Chambre des Communes : « A Houkhoe, l'escadre était hors des eaux territoriales. Néanmoins on la fit prier de partir.

Elle comprenait : *A*. En *unités cuirassées :*

4 CUIRASSÉS MODERNES :

Souwarov,	capitaine	Ignatiüs,	4 pièces de 305, 12 de 152, 20 de 75.
Alexandre III,	»	Bouchvostov,	id.
Borodino,	»	Serebriakov,	id.
Orel,	»	Joung,	id.

3 CUIRASSÉS ANCIENS :

Navarin,	capitaine		4 pièces de 305, 6 de 152.
Sissoï Veliki,	»	Ozerow,	id. 8 de 152.
Nicolas I,	»	Smirnov,	2 de 305, 4 de 228, 8 de 152, lo de 75.

1 CROISEUR CUIRASSÉ MODERNE :

Osslíablia,	capitaine	Baer,	4 pièces de 254, 18 de 152, 20 de 75.

4 CROISEURS CUIRASSÉS ANCIENS :

Nakhimov,	capitaine	Rodionov,	8 pièces de 203, 10 de 152, 8 de 75.
Dmitri Donskoi,	»	Ivanov,	6 de 152, 10 de 75.
Vladr Monomach,	»	Popov,	5 de 152, 6 de 120.

3 GARDE-CÔTES :

Aml Seniavin,	capitaine	Grigoriev,	4 pièces de 254, 4 de 120.
Aml Uschakov,			id.
Aml Apraxine,	»	Litchine,	id.

Total : 26 pièces de 305, 16 de 254, 4 de 228, 8 de 203, 102 de 152, 18 de 120, 124 de 75.

B. En *unités protégées :*

Aurora,	capitaine	Iegoriev,	8 pièces de 152, 24 de 75.
Oleg,	»	Dobrovolski,	12 de 152, 12 de 75.
Iemtchouk,	»	Levitski,	6 de 120.
Izoumroug,	»	de Fersen,	6 de 120.
Svietlana,			5 de 152, 4 de 75.
Almaz,	»	Tschagin,	4 de 75.

Total : 26 pièces de 152, 12 de 120, 44 de 75.

C. En *torpilleurs :* 9 contre-torpilleurs de 350 tonnes, modernes, les *Bodry*, *Bouiny*, *Bravy*, *Blesiatschy*, *Bezuprechny*, *Bystry*, *Bedovy*, *Gromsnyï*, *Gromky*, de 26 nœuds.

***

Les Japonais disposaient contre elle de la totalité de leur flotte répartie en six divisions : *A*. Trois cuirassées, savoir : contre-amiral Hashiba : les quatre cuirassés neufs, les *Kassaga*, *Niishin* : contre-amiral Mizou ; les six croiseurs cuirassés, capitaine du vaisseau Togo II : le Chin-Yen et les garde-côtes.

B. Trois divisions de croiseurs, contre-amiraux Dewa, Uryu, Yamada.

Le vice-amiral Kamimura commandait en second.

L'ensemble comprenait :

4 CUIRASSÉS MODERNES :

Fuji-Yama,	capitaine	4 pièces de 305, 10 de 152, 16 de 75.
Shikishima,	» Teragaki,	4 de 305. 14 de 152, 20 de 75.
Mikasa,	» Ijichi,	id.
Asahi,		id.

1 CUIRASSÉ ANCIEN :

Chin-Yen,		4 pièces de 305, 4 de 152.

8 CROISEURS CUIRASSÉS MODERNES :

Asama,	capitaine Yashiro,	4 pièces de 203, 14 de 152, 12 de 75.
Idzumo,	» Jichi,	id.
Yakumo,	» Matsumoto,	id.
Iwate,	» Taketomi,	id.
Adzuma,	» Fuji,	id.
Tokiwa,	» Nomoto,	id.
Kassaga,		1 de 254, 2 de 203, 10 de 152, 10 de 75.
Niishin,	» Takenouchi,	5 de 303, 14 de 152, 10 de 75.

3 GARDE-CÔTES :

Itsikushima,	capitaine Narita,	1 pièce de 203, 11 de 152, 2 de 75.
Matsushima.	» Kawashima,	id.
Hashidate,	» Kato,	id.

Total : 20 pièces de 305, 1 de 254, 33 de 203, 197 de 152, 174 de 85.

15 PROTÉGÉS :

Chitose,	capitaine Takagi,	2 pièces de 203, 10 de 120, 12 de 75.
Kasagi,	» Ide,	id.
Naniwa,	» Naniwa,	8 de 152.
Takachyo,	» Mori,	id.
Niitaka,	» Shoti,	6 de 152, 10 de 75.
Tsoushima,	» Sento,	id.
Ottowa,		2 de 152, 6 de 120, 4 de 75.
Akaski,		id.
Suma,		id.
Akitsushima,		4 de 152, 6 de 120.
Chiyoda,		6 de 120.
Idzumi,		10 de 120
Chihalja,		2 de 120.
Tatsoutou,		2 de 120.
Yayeyama,		3 de 120.

Total : 4 pièces de 203, 38 de 152, 47 de 120, 28 de 75.

La comparaison de l'artillerie des deux adversaires faisait ressortir les différences suivantes :

En cuirassés.

Les Russes avaient une supériorité de 6 canons de 305, une infériorité de 6 canons des divers calibres entre 20 et 30 cent., — soit l'égalité — à ne voir que les chiffres. Mais tandis que les canons des *Nicolas Ier*, *Navarin* et *Nakhimow* étaient anciens (soit 6^{305} 4^{229} 8^{203}), seul le *Chin-Yen* de toute la flotte japonaise avait quatre vieux 305. Le reste était neuf et les 33 pièces de 203 mm., à tir accéléré, devaient mathématiquement mettre les Russes en état d'infériorité à partir de 4000 mètres, distance à partir de laquelle les obus coiffés de ce calibre perforent les cuirasses, comme ceux de 305 le font à 6000.

Quant à l'artillerie moyenne, c'était pis encore : Les calibres de 12 et 15 cent. étaient dans la proportion de 3 à 5 (120 contre 197), celui de 75, de 5 à 7 (124 contre 174). Si l'on y ajoute que chez les Japonais tous étaient neufs, tandis que chez les Russes 28 pièces de 15 cm. étaient anciennes, l'on se fera une idée de la disproportion. Elle était telle que l'artillerie de front des Russes et tout ce qui chez eux n'était pas cuirassé était voué par avance à la destruction.

En protégés.

La seule constatation qui s'impose à ce point de vue, c'est que, pour s'éclairer et attaquer les énormes convois de l'ennemi, les Japonais disposaient de 18 unités modernes. Pour s'éclairer et protéger ces mêmes convois, les Russes n'en avaient que 6, ce qui devait fatalement préjudicier à l'une ou à l'autre de ces deux tâches, ou — pis encore — forcer l'escadre de combat à escorter elle-même ses convois.

En torpilleurs.

Ici, aucune comparaison n'est même possible. Rodjestvenski, lancé à 27.000 kilomètres de sa base, amenait à grand'peine 9 contre-torpilleurs, en ayant laissé deux en route.

Le Japon, malgré les sacrifices faits à Port-Arthur, conservait 17 contre-torpilleurs (y compris les *Arare* et *Fabuki* lancés en février) et 61 torpilleurs — outre — dit-on — cinq sous-marins.

Tout cela, opérant à proximité des côtes japonaises, était une menace sérieuse pour les Russes; rien que son existence exigeait la plus attentive surveillance, la nuit surtout.

Personnel.

Mais, peut-être, le personnel de l'escadre, animé comme jadis sur le *Varyag* de l'héroïsme du désespoir, aurait pu tirer de ce matériel inférieur un tel parti qu'il aurait violenté la victoire?

Il n'en était malheureusement pas ainsi. Nous avons vu la composition déplorable des équipages de la division de renfort, et n'y reviendrons plus. Mais même ceux de l'escadre principale étaient loin de valoir ceux de Chemulpo et de Port-Arthur [1].

Les équipages de la Baltique avaient pu compléter quelques navires en vidant à fond les dépôts et en nommant à des commandements à la mer des officiers en fonctions à terre depuis des années. Mais, pour le reste, on avait fait des emprunts aux équipages de la mer Noire, travaillés par la propagande anarchiste. Les mécaniciens manquant, on en avait demandé aux chemins de fer.

L'amiral Rodjestvenski fit faire quelques tirs réels pour obvier à l'inexpérience de ses canonniers. Quant à la discipline, il l'exigea avec une sévérité qu'explique la provenance de son

[1] Lettre du capitaine de vaisseau français Nicolas (*Matin* du 11 avril) reproduisant l'*Impartial de Madagascar*, 10 mars.

personnel. Notamment à Madagascar, à la fin de mars, l'annonce de la défaite de Moukden ayant produit de l'effervescence, il aurait cassé 4 officiers et fait pendre 8 matelots [1]. A cause même de cette sévérité, la désertion fut importante, si l'on considère sa difficulté dans une escadre qui ne touchait nulle part — onze marins à Saïgon seul [2].

Au contraire, les marins japonais étaient aguerris par un an entier de campagne, et leurs succès passés leur donnaient cette confiance en soi-même qui produit la victoire.

La bataille [3]. Après la chute de Port-Arthur, l'amiral Togo était rentré au Japon où l'attendait une réception triomphale. Mais, il ne s'y reposa pas longtemps : on ignorait alors les desseins de Rodjestvenski. En conséquence, l'on hâta la remise à neuf des navires japonais, allant jusqu'à remplacer les canons d'artillerie moyenne usés et cela si rapidement qu'au début de mars *tous* les navires japonais avaient passé par la cale sèche.

Togo résolut de ne pas renoncer au bénéfice de combattre dans les eaux territoriales du Japon, et d'attendre l'ennemi en un passage obligé : le détroit de Corée. Il concentra ses forces à Masampo. Cependant, et pour le cas où Rodjetsvenski prendrait

[1] *Courrier de Magadascar*, reproduit par le *Journal*, 25 avril.

[2] Saïgon à l'agence *Laffan*.

[3] Sources : Les huit rapports de Togo : des 27 (1-2), 28 (3), 29 (4), 30 (5-6), 31 (7-8).
Rapports Liniévich du 29 et du 10 juin.
Rapport Enqvist du 5 juin, Reitzenstein du 6 juin.
Rapport du commandant du *Bravyi* de Vladivostock, 31.
Récit des officiers de l'*Almaz*, Vladivostock, au *Novoïe Vremia*, 1er juin.
Récits du *Daily Telegraph*, 30 mai et 1er juin.
Récits de blessés japonais, Tokio à *Havas*, 1er juin.
Récit d'un officier du *Borodino*, Tokio, 2 juin au *Daily Telegraph*.
Tokio à *Reuter* (sur la prise de Rodjestvenski).
Tokio à *Daily Mail* (sur la fin du *Souwarov*).
Récit des officiers de la division Enqvist. Manille à *Laffan*, 4 juin.

un autre itinéraire, il s'éclairait à grande distance : à dater de janvier, il n'est pas de semaine où des croiseurs japonais ne soient signalés au large de Manille, de Singapore, des rades Néerlandaises, de Labouan, etc.

De cette façon, il se ménageait le temps de retransporter, le cas échéant, sa base à Saseho.

Mais Rodjestvenski, obligé d'économiser le charbon, prit la route directe.

Dispositif.

Le 27 mai, à 5 heures, l'auxiliaire *Shinano-Maru* signala par télégraphie sans fil l'approche de l'ennemi, et l'escadre japonaise s'apprêta pour le combat.

A 7 heures, l'*Idzumi* signale l'arrivée des Russes « à 25 milles Nord-Ouest d'Oukoushima, faisant route au Nord-Est.

Les divisions légères, Togo, Dewa et Kataoka partent aussitôt ; à 10 heures, elles entraient en contact, et bien que l'ennemi leur tirât quelques coups de canon, elles signalent par télégraphe sa force, sa marche et sa formation.

C'est ainsi que, malgré la brume et son éloignement de 40 milles, Togo connut ces données essentielles comme s'il les eût vues.

La marche était toujours Nord-Est, à la vitesse de 12 nœuds, l'escadre était au complet avec sept auxiliaires seulement. — Quant à la formation, elle dépassait tout ce que les Japonais pouvaient rêver ; au lieu de marcher en groupes faciles à rallier, à manœuvrer et pourvus d'un chef déterminé, au lieu de séparer soigneusement les vaisseaux n'ayant pour eux que leur vitesse, des navires de combat, l'escadre marchait en trois interminables lignes de file dont la queue se perdait même dans le brouillard aux yeux des éclaireurs japonais.

La colonne de droite comprenait les quatre cuirassés neufs, suivis de l'*Oleg*, *Aurora*, *Oural*, *Svietlana*.

La colonne de gauche l'*Ossliablia*, *Sissoivéliki*, *Navarin*, *Nakhimov*, suivis du *Nicolas Ier* et des 3 garde-côtes.

Au centre les *Iemtchouk* et *Izoumroug* étaient seuls entre les premières divisions des deux files; — entre les deuxièmes divisions se trouvait une troisième file formée des *Vladimir-Monomach, Dmitri, Donskoï* et des 8 transports, savoir : l'atelier *Kamtchatka,* les transports *Irtych, Anadyr, Korea, Svir, Rouss;* les hôpitaux *Orel* et *Kostroma.*

Cette disposition devait : *a)* permettre à l'ennemi d'accabler séparément les têtes de file; *b)* faire avorter tout essai de manœuvre dans un gâchis affreux.

Ainsi, pour sauver les transports, on perdait toute l'escadre.

Combat des cuirassés.

Togo se porta à midi au Nord d'Okinoskina, puis fit route à l'Ouest; à 1 h. 1/2, il fut rallié par ses divisions légères. A 1 h. 3/4, l'ennemi fut en vue à plusieurs milles babord.

« Je donnai alors, dit l'amiral Togo, l'ordre à toute la flotte » d'entrer en action, et je fis faire pour tous les navires qui » étaient en vue le signal suivant : le sort de l'empire dépend » du résultat de la bataille; que chacun fasse son possible.

» Peu après, notre principale escadre courut au Sud-Ouest, » comme si mon intention était de croiser l'ennemi à contre- » bord, mais à 2 h. 5, elle vint subitement à l'Est et fit route de » façon à passer obliquement sur l'avant de la tête de la colonne » ennemie. La division des croiseurs cuirassés suivait formant » avec elle une seule ligne de file. Les divisions Dewa, Uryu, » Kataoka et Togo se conformant au plan arrêté d'avance, se » dirigèrent au Sud, afin d'attaquer l'arrière de la colonne » ennemie. »

S'attendant à être longés à contre-bord, les Russes ne modifièrent pas leur formation. Il s'ensuivit qu'arrivés à la portée de 6000 mètres, les Japonais purent concentrer leur feu sur les deux vaisseaux de tête *(Souworow* et *Ossliablia);* d'abord l'artillerie moyenne qui rasa leurs ponts littéralement, puis la grosse artillerie dont « les deux premiers obus » causèrent à l'*Ossliablia* des voies d'eau irréparables, tandis qu'un incendie éclatait sur le *Souworow.*

Déjà, sur l'ordre de Rodjestvenski, les deux colonnes russes obliquaient simultanément vers l'Est, ce qui les plaça sur une ligne de file irrégulière marchant parallèlement à celle de l'ennemi. Mais il était trop tard : déjà deux des meilleurs navires étaient hors de ligne et Rodjestvenski lui-même était grièvement blessé à la tête. Il était écrit que, dans cette guerre, toutes les escadres russes se battraient sans chef !

Cependant la ligne japonaise s'accroissait de 8 croiseurs cuirassés entrant à leur tour en ligne, et n'étant plus qu'à 4000 m., leurs pièces de 20 cm. avaient leur maximum d'effet. « Le tir japonais était très sûr, dit le général Linievich, et » ils couvraient littéralement les navires russes de projectiles. » L'*Alexandre III* prit feu à son tour. Mais cette fois, ce n'était plus sans riposte : l'*Asama* frappé de trois obus à la flottaison devait sortir de ligne.

A 2 h. 3/4, la fumée et le brouillard couvraient tellement le champ de bataille que le feu fut suspendu quelque temps. Le *Souworov* et l'*Alexandre III* en profitèrent pour se retirer de la ligne; sur le dernier, l'incendie put être maîtrisé; mais le *Souworov* fut jugé perdu et l'amiral Rodjestvenski le quitta, transporté sur le contre-torpilleur *Bouiny*. Le *Borodino* prit la tête et descendit au Sud-Est. Mais les Japonais suivirent ce mouvement, toujours en ligne de file (3 heures). A 3 h. 1/2, la file russe vira vers le Nord comme pour passer en queue de la file japonaise; mais celle-ci vira par navire de sorte que le *Nisshin* devint tête de colonne, et les Russes furent repoussés vers le Sud par un feu violent.

Leur but, à ce qu'apprend le rapport Linievich, n'avait pas été de fuir vers le Nord, mais de secourir les navires sortis de ligne et restés isolés, ou du moins le *Souworov*, toujours en feu mais qui tirait toujours. L'*Ossliablia* avait coulé à 3 h. 10.

Jusqu'à 4 heures 30, les Russes renouvelèrent de vains efforts pour percer vers le Nord. A 4 heures, le *Sissoï Valiki* avait pris feu et s'était retiré à l'arrière où il prit part au combat des croiseurs. A 5 heures, renonçant à percer, ils gouvernèrent au Sud; les deux divisions cuirassées japonaises se lancèrent à leur poursuite, mais les perdirent dans le brouillard. La division de croiseurs cuirassés participa alors au combat des croiseurs, tandis que la division principale remontait au Nord.

Bien lui en prit : à 6 heures, elle aperçut à babord six cuirassés russes fuyant vers le Nord-Est. Aussitôt, elle suivit une route parallèle et tira sur eux jusqu'à la nuit. Presqu'aussitôt l'*Alexandre III* fut en feu de nouveau et s'inclina, mais il se redressa bientôt et reprit sa place. A 6 h. 40, le *Borodino* prit feu à son tour; à 7 h. 1/2, tout entouré de flammes, il coulait en quelques instants, l'incendie ayant atteint ses soutes.

La nuit qui tombait sauva le reste pour le moment, sauf l'*Alexandre III* qui fit à 8 heures des signaux de détresse et coula à 8 h. 1/2. On a dit qu'il fut achevé par l'attaque nocturne des torpilleurs, mais le fait est resté douteux.

Combat des croiseurs le 27.

Les divisions Dewa et Uryu s'étaient portées au Sud à 2 heures, et longèrent la ligne des croiseurs russes par babord; puis, passant derrière elle, par tribord. Il s'ensuivit un grand désordre, et dès 3 heures, la division légère russe et les transports formaient un groupe confus autour duquel les Japonais tournaient en tirant toujours. C'est ainsi que l'*Oural*, d'abord, puis l'*Irtych* et le *Rouss* furent coulés. L'*Aurora* prit l'offensive à 3 h. 40, pour tenter de rompre le cercle mais reçut de graves avaries. Trois contre-torpilleurs se lancèrent ensuite à l'attaque, ce qui, en plein jour et contre des navires intacts, ne manquait pas d'une certaine crânerie; mais deux, les *Bystry* et *Gromky*, furent coulés, le *Bleziatschy* gravement avarié.

Il est vrai qu'en même temps le *Kasaga*, navire-amiral de Dewa, était si grièvement atteint qu'il dut être convoyé jusqu'à la côte.

A 4 h. 20, les divisions Yamada et Togo II se joignirent à Uryu et Dewa; la situation des croiseurs russes devenait désespérée. — Mais à 5 heures, le *Sissoï Veliki*, sorti de ligne, d'abord, puis tout ce qui restait en ligne des cuirassés russes, redescendant au Sud, mirent un moment *Uryu* entre deux feux, lui causant de graves avaries : son navire amiral *Naniwa* dut sortir de ligne pour se réparer.

A 5 h. 30, arriva à son tour la division japonaise Mizou; les cuirassés russes ne l'attendirent pas : sur l'ordre de l'amiral Niebogatov, ils repartirent vers le Nord.

Les *Dmitri-Donskoï*, *Vladimir-Monomach* et *Kamtchatka* seuls purent suivre ce mouvement, car aussitôt non seulement la division Mizou, mais les quatre autres : Togo II, Yamada et ce qui restait d'Uryu et Dewa, se lancèrent sur leurs traces. Coupé de l'escadre par ces forces ennemies, l'amiral Enquist profita de la rupture du cercle de mort qui entourait les convois russes et leurs défenseurs, pour s'échapper vers le Sud avec les *Aurora*, *Oleg* et *Jemtchouck*, qui parvinrent à Manille le 30, les *Svir*, *Korea* et le destroyer *Bodry* qui furent à Shanghaï le 29.

Le *Blestatschi* s'était joint à ces derniers, mais il sombra le 28 à 5 h. matin. Le *Svietlana* trop abîmé se réfugiait à la côte de Corée. L'*Almaz* isolé et à peine armé continuait au contraire droit à Vladivostock.

Cependant, dans la poursuite, le *Kamtchatka*, déjà fort abîmé, était coulé à 7 h. 10.

Puis l'amiral Togo, la nuit tombant, signala un ralliement général aux îles Ulnoung, de façon à tenir toute son escadre le lendemain matin en travers de la route de Vladivostock.

En même temps, il lâchait ses escadrilles de torpilleurs qu'il avait gardées en réserve toute la journée dans la baie de Mioura, à cause de la forte houle qui régnait et rendait leur emploi en plein jour plus que chanceux.

Attaque des torpilleurs. — Nuit 27-28.

Tous les torpilleurs sortirent avant même le coucher du soleil. Dès 7 heures, le *Souvorow* resté seul et désemparé, est rejoint. Il n'avait plus qu'une pièce à l'arrière en état de servir et cependant il s'en servit jusqu'au dernier moment. Enfin, à 7 h. 20, il fut atteint par deux torpilles et coula.

La principale escadre russe, après la perte du *Borodino* et de l'*Alexandre*, ne comptait déjà plus que l'*Orel*, les *Nicolas II*, *Sissoï Véliki*, *Navarin*, *Nakhimov*, *Vladimir*, *Dimitri*, et les garde-côtes, avec l'éclaireur *Izoumroug*. Elle continuait à faire route Nord-Ouest.

Dès 8 heures, elle se vit entourée de toutes parts de torpilleurs : au Nord, une division de destroyers; au Nord-Est, une de torpilleurs et une de destroyers; deux de destroyers à l'Est; quatre de torpilleurs au Sud.

Devant ce déploiement, Niebogatov modifia sa route, allant vers l'Est. A 10 h. 1/4, la division des destroyers qui menaçait l'escadre en tête s'élança sur elle et, à dater de ce moment, les autres ne cessèrent de s'abattre de toutes les directions sur les Russes, jusqu'à 11 heures.

Les Russes se défendirent désespérément, usant de leurs projecteurs et de leur artillerie légère. — Les Japonais, de leur côté, se lançaient avec une telle impétuosité qu'un de leurs destroyers, le *Kazumi*, entra en collision avec un navire russe. — Cependant, tant que l'escadre garda son ordre, ils n'obtinrent aucun résultat; au contraire, ils perdaient les torpilleurs 34, 35 et 69 coulés, les contre-torpilleurs *Harusame*, *Akatzuki*, *Ikadzuki* et *Iugiri* et trois torpilleurs mis hors de combat.

Mais bientôt, la lutte même empêcha la queue de l'escadre russe de rester en ordre; dès que sa formation fut perdue, les torpilleurs ennemis s'attachèrent à chacune de ses unités dispersées. Dans la nuit et contre des navires si fortement éprouvés déjà, le résultat n'était plus douteux : le *Sissoï Véliki*, *Nakhimov* et *Vladimir Monomach* reçurent des coups mortels. Ils dérivèrent jusqu'au matin, tentant de gagner la côte de Tsoushima. Découverts alors par des croiseurs auxiliaires japonais, ils les tinrent encore à distance le temps nécessaire pour se couler. 915 hommes survivants sur les 1692 de leurs équipages purent gagner la terre.

Le *Navarin*, d'abord échappé, parvint à 2 heures du matin au Nord de l'île Tsoushima, à hauteur de Fousan, et se croyait sauvé quand il fut rejoint par une division de destroyers. En quelques instants, le navire surpris reçut deux torpilles de chaque bord et coula.

Le *Dmitri-Donskoï* qui suivait la même route avec les contre-torpilleurs *Bravyi*, *Bouiny* et *Biedovyi* fut plus heureux, mais il n'était pas sauvé pour cela, comme nous le verrons. En outre, déjà le 28, au jour, le *Bouiny* avait une avarie de machine telle qu'il ne pouvait continuer : il transféra l'amiral Rodjestvensky sur le *Bravyi*, son propre équipage sur le *Dmitri* et fut coulé.

Au matin du 28, Niebogatov n'avait plus avec lui que l'*Orel*, les *Apraxine* et *Seniavine*, le *Nicolas II* et l'éclaireur *Izoumroug*. Il avait fait route à 10 nœuds depuis 11 heures du soir et se trouvait à 60 mille (108 kil.) au Sud des îles Liancourt (Takeshima). Combat du 28.

Togo avait rallié ses deux divisions cuirassées à 20 milles au Sud de l'île Dagelet (Ulneoung-tao), mais ses divisions légères et ses torpilleurs étaient encore à des distances variant de 60 à 80 milles dans le Sud, en route vers le point de rassemblement.

L'amiral se préparait à établir ses croiseurs cuirassés en cordon de recherche à hauteur des îles quand, à 5 heures, le brouillard se leva brusquement. — La division des croiseurs de Yamada aperçut alors les Russes qui marchaient parallèlement à elle.

Togo aussitôt porta ses divisions cuirassées vers l'Est pour leur barrer la route, tandis qu'il ordonnait à ses divisions légères de se concentrer derrière eux.

Ainsi, dès 10 heures 1/2, à 18 milles au Sud des îles Liancourt, l'amiral Niebogatov fut complètement cerné par la totalité des forces navales du Japon.

Toute résistance était vaine, mais des équipages résolus auraient tout au moins détruit leurs navires. — Il n'en fut rien : de suite après la première bordée des navires japonais, on vit s'élever sur plusieurs des navires russes le pavillon nippon à côté des couleurs de la Russie. Ces navires n'avaient pas tiré un seul coup de canon. Les Japonais interprétèrent ce signal comme annonçant une reddition ; le capitaine Yashiro, de l'*Asama*, fut envoyé en canot et rapporta une réponse affirmative.

Peu après, l'amiral Niebogatov vint lui-même à bord de l'*Asama* et se rendit.

Par cet acte de faiblesse, il livrait au Japon un cuirassé et deux garde-côtes modernes, outre le vieux *Nicolas Ier*.

Il faut dire à sa décharge que deux de ces navires, l'*Orel* et le *Nicolas Ier*, étaient d'avance presque hors de combat.

L'*Orel* avait perdu son capitaine, blessé mortellement et qui mourut bientôt, 3 officiers tués, 16 blessés, 170 hommes sur 740 hors combat. Rien n'existait plus de ce qui avait été le pont et même une des tourelles barbettes des canons de 30 cm., deux de celles de 15 cm. étaient hors d'usage. En outre, la cuirasse avait été perforée au-dessus de la flottaison par une quarantaine d'obus principalement de 20 cm., dont plusieurs dans la machine.

Sur le *Nicolas Ier*, la navigabilité même était compromise : il avait à babord des voies d'eau de plus d'un mètre de largeur et toute son artillerie de pont de babord était détruite [1].

L'amiral Niebogatov s'est dit poussé par « un accès d'humanité plus fort que tout autre sentiment. » Il ne supposait cependant pas les Japonais capables de laisser ses blessés se noyer, pour se venger de ce qu'il aurait fait couler ses navires; de nombreux exemples avaient prouvé que, le combat fini, ils les recueillaient au contraire avec grande diligence.

1 Tokio à Havas, 7 juin.

Il faut donc croire que son « accès d'humanité » était plus fort non seulement que ses sentiments patriotiques, mais même que sa raison.

De cette malheureuse division un seul navire échappa : l'éclaireur *Izoumroug*. Dès qu'il vit le pavillon japonais aux mâts des autres navires, le capitaine b^on de Fersen se dirigea à toute vitesse vers le Sud, traversa la division Togo II dont le feu ne lui fit perdre que 10 hommes, puis s'échappa vers l'Est. Le *Chitose* lancé à sa poursuite le perdit de vue.

Ce brave navire devait périr au port, pour ainsi dire : Le 29 au soir, il entrait dans la baie Vladimir, ayant épuisé son charbon quand, dans la nuit noire, il toucha un récif. Fersen ne voulant pas le laisser même en cet état comme trophée aux Japonais, le fit couler et mit son équipage à terre.

Maintenant la flotte russe n'existait plus. Togo dispersa donc ceux de ses navires qui se trouvaient le moins avariés en détachements chargés de rechercher les unités isolées des Russes. Un premier, formé de l'*Iwate* et du *Yakumo*, aperçut au Sud-Ouest l'*Ouschakoff* que ses avaries avaient retenu en arrière des autres. Ils l'invitèrent à se rendre, mais le capitaine refusa, ouvrant le feu. Les deux croiseurs cuirassés japonais le coulèrent alors en quelques coups (6 h. du soir) : 300 *hommes sur* 318 furent recueillis. Un second, formé de la division Togo II et de destroyers, aperçut le *Dmitri Donskoi* faisant route lentement vers le Nord-Ouest. Facilement rejoint et canonné, le pauvre vieux croiseur se défendit avec une énergie que n'avaient pas montrée des unités bien meilleures; il réussit à contenir Togo II jusqu'au soir, tout en recevant de nouvelles et graves avaries.

Entretemps les contre-torpilleurs *Sazanami* et *Kagero* poussant plus au Nord apercevaient les *Bravyi* et *Bedovyi*. Ce dernier avait une avarie de machine et hissa le drapeau blanc. A la prière des Russes et vu la gravité de ses blessures, l'amiral Rodjestvenski fut laissé à bord. Le *Sazanami* remorqua sa prise jusqu'à Sasebo.

Quant au *Bravyi*, il s'était enfui de toute sa vitesse : onze nœuds! (ses deux chaudières d'avant ayant été crevées par un obus). Dans la nuit du 28 au 29, il rencontra « 15 torpilleurs japonais revenant du combat, » mais ne fut pas aperçu. Au jour, le lieutenant Dournovo fit peindre ses cheminées en blanc, abaisser le mat, et, comme son charbon s'épuisait, il fit brûler toutes les parties combustibles du navire. Le 30 mai, il entrait à Vladivostok. Il avait perdu 14 hommes, mais ramenait 175 survivants de l'*Ossliablia*.

Les destroyers tentèrent à la nuit une nouvelle attaque contre le *Dmitri Douskoï* mais elle fut encore repoussée.

Au matin, le capitaine fit ouvrir les soupapes; le bâtiment se coucha sur le flanc à peu de distance de l'île Dagelet (Ulneoung) où son équipage et 200 hommes de l'*Ossliablia*, recueillis par lui, prirent terre.

Enfin l'amiral Uryu, avec les *Tokiwa*, *Naniwa* et *Takachyo*, descendait au Sud jusqu'à Shanghaï le 5 juin, mais ne trouvait plus rien.

Résultats. Ainsi l'Armada russe qui occupait le monde depuis un an n'existait plus.

Il n'en restait que :

A Vladivostock : l'*Almaz*, les contre-torpilleurs *Bravyi* et *Grosnyi*.

A Manille : l'*Aurora*, l'*Oleg* et le *Jemtchouk*.

A Sanghaï : les *Svir*, *Korea*, et contre-torpilleur *Bodryi*; en route pour le sud l'*Anadyr*, il arriva le 21 juin à Diego Suarez.

En outre, quelques navires non engagés (*Don*, *Kouban*, *Rion*, *Dniepr*, *Terek* et les cinq de la flotte volontaire) regagnaient isolément l'Europe. *Pas une seule des unités du combat* proprement dites ne subsistait.

Quant au *personnel* russe, il avait compté, pour les 38 navires présents : 12.369 hommes. Il en restait à Vladivostock 577, à Shanghaï 302, à Manille 1.300, sur l'hôpital Kostroma qui fut relâché 200, sur l'*Anadyr* 337; à la baie Vladimir 300 = 3.016. Les Japonais en avaient recueilli et interné 6.142 dont 800 blessés.

Les pertes furent donc de 3.211 hommes ayant péri, principalement du *Borodino*, de l'*Alexandre III* et du *Souworow*, qui coulèrent si vite que le sauvetage fut presqu'impossible.

De trois amiraux russes, Folkersam était mort de maladie la veille de la bataille. Rodjestvenski prisonnier et d'ailleurs couvert de blessures (dont une fracture du crâne).

Cette brillante victoire ne coûtait aux Japonais que trois torpilleurs et leur donnait quatre navires dont un cuirassé neuf. Ils les rebaptisèrent *Swami (Orel)*, *Iki (Nicolas)*, *Okinoshima* et *Minoshima* (les garde-côtes).

En personnel, ils ne perdaient que 113 tués, 424 blessés, ensemble 537 hommes sur 16000 environ, soit 3,4 %, ce qui fait hautement l'éloge de leurs chefs. Mais certains navires, comme le *Mikaza* avec 63 hommes hors combat, le *Shikishima* (37), le *Naniwa* (17) supportaient des coefficients bien plus forts. Sur eux seuls les équipages avaient dû montrer l'héroïsme que tous étaient cependant prêts à déployer.

Chez les Russes, la valeur fut extrêmement inégale : sauf l'*Ossliablia* (qui ne put tirer que quelques coups, ayant sombré de suite) les navires provenant de l'ancienne escadre de la Méditerranée et les premiers armés de la Baltique, bref, tous ceux qui possédaient des équipages réguliers montrèrent dans le désastre un héroïsme digne d'un meilleur sort et et qu'on ne saurait trop mettre en lumière. C'est ainsi que le *Borodino* qui, dès 4 heures, avait 2 pièces de 305 hors service, le mât à signaux abattu, les manches d'air et les ascenseurs à projectiles démolis, le feu à bord et le gouvernail avarié lutta jusqu'à la nuit. En dernier lieu, il ne tirait qu'avec *une* pièce de 15 et *deux* de 12 restant seules intactes; c'est avec ces faibles moyens qu'il repoussa encore à 7 heures 1/2 une attaque de 2 contre-torpilleurs. Mais il avait alors 400 hommes tués et blessés, le feu gagnait ses machines qu'on dut évacuer. Les survivants s'attendaient à sauter d'une minute à l'autre, quand une flottille de torpilleurs revint à l'attaque et le navire sauta sans qu'on puisse savoir si la torpille ou l'incendie en fut cause. Des 700 hommes d'équipage, 1 officier et 40 matelots étaient seuls sauvés.

Nous avons déjà cité le *Souworow* se défendant également jusqu'à la nuit, bien que rasé comme un ponton, la machine et le gouvernail hors service, le pont encombré de cadavres — l'*Aurora* sortant seule du groupe des croiseurs pour attaquer la division Uryu — et la belle fin du vieux *Dmitri-Donskoï*.

Ces quelques bâtiments avaient sauvé l'honneur en montrant que les vrais marins russes savaient encore mourir, à défaut de mieux. Des autres, il vaut mieux ne pas parler; leur première punition consista dans les éloges dont les couvrirent les ennemis de leur patrie, intérieurs et extérieurs.

Au point de vue politique, la victoire du Japon le rendait maître — peut-être à jamais — du Pacifique.

Complétant la bataille de Moukden, elle achevait de démontrer l'impuissance de la Russie dans les conditions données de la guerre. Elle imposait la paix.

Au point de vue technique, elle achevait de démontrer :

1. Que le cuirassé de ligne reste l'arme par excellence. Qu'en ce qui le concerne toute demi-mesure doit être proscrite : il lui faut la meilleure cuirasse, les meilleurs canons, la meilleure vitesse.

Le cuirassé-croiseur est une utopie — et les torpilleurs doivent se cantonner dans leur rôle de surprise ou de poursuite.

2. Qu'on ne peut avoir assez d'éclaireurs rapides. Les cuirasser n'est pas nécessaire.

3. Enfin et surtout, qu'on n'obtiendra rien du meilleur matériel, s'il n'est monté par des chefs et des équipages d'une grande expérience et d'un dévouement absolu.

XVIII. — Fin de la guerre

Fin de la guerre sur terre

1. — EN MANDCHOURIE

En sortant de Tieling, l'armée russe battit en retraite en trois colonnes par les routes de Kaïyuen à Girin, de Chantoufou à Changchoun et de Kaïynen à Kouaito. Elle fit ainsi 11 kilomètres environ par jour avec un jour entier de repos accordé par Linievich (le 20).

Le 25 elle parvint à la position choisie : c'était une ligne suivant à peu près la rive nord du Miaotze-ho au Sud de Youchoutaï, Fenghoa et Szeupinkaï pour se terminer sur la route mandarine au Hochaouling dans les monts Sakhalian-alin. Elle fut fortement retranchée. Une réserve, cette fois très forte (toute la IIIe armée), était campée à Kountchouling-station, où le grand quartier-général fut établi. En outre, une position d'accueil fut préparée à Changchoun et Girin et d'avance occupée par quelques troupes.

La lenteur de cette retraite indique assez à quel point la poursuite japonaise fut nulle. Pour préciser, les Russes évacuèrent Kaïyuen le 16, Chantoufou le 19 ; or, les avant-gardes japonaises n'occupèrent ces villes que les 19 et 21 [1].

Quant à Rennenkampf, il ne quitta Inpan que le 22 mars, mais même alors il laissa une arrière-garde de 1 bataillon,

[1] Tokio aux Légations 20 mars et 23 mars.
[2] Tokio aux Légations 26 mars.

6 escadrons, 1 batterie à Inotcheng, observant la vallée du Houn.

Masslov observait Toungkoua-sien.

Mais la cavalerie russe, contrairement aux errements suivis jusque-là, resta tout entière sur le front et le flanc ouest à 40 *kilomètres* du gros des troupes. Le 26, des escarmouches avec les pointes japonaises déterminent sa position, qui ne changera guère désormais : c'est sur la ligne Liaoyangouopan-Palitoun-Chouangmiaotze, Iaomaling.

Les pointes japonaises s'arrêtèrent, elles, sur la ligne Sinfatao, Tachaotoun, Tzintziatoun, Sinantze, Nanchantze et la vallée du Kao-ho. Les IIIe, IVe et I^e^ armées furent seules en lignes à Fakoumeon, Kaïyuen-station et Sountaï. La IIe restait à Tieling avec le grand quartier général. La Ve était divisée, ayant deux divisions à Inpan, une à Sinking et un détachement de flanc-garde à Tongkoua-sien.

Les positions furent solidement retranchées.

Elles étaient ravitaillées par la navigation du Liao, le chemin de fer de Moukden et celui de Sin-min-ting.

Le 9, en pleine bataille et sans doute sous le coup d'une certaine nervosité, les Japonais, au lieu d'imiter les Russes et de faire transporter tout ce qu'ils voulaient pour le compte et au nom de particuliers chinois, sommèrent l'administration du chemin de fer d'avoir à transporter 450 tonnes de riz sous peine de saisie de la ligne.

L'administration fit la seule réponse compatible avec l'intérêt de ses actionnaires : le 12, elle fit refluer tout son matériel roulant sur Changhaïkouan. La brutalité des Japonais les avait mal servis....

Ce n'est que le 16 que, sur des représentations diplomatiques et l'assurance formelle que la ligne ne sera pas saisie, que le vice-roi Nuanchikaï ordonna la reprise du service par la compagnie et l'acceptation des transports japonais « au tarif marchandises et dans les mêmes conditions que pour les Russes. »

Les forces principales des deux adversaires étaient donc séparées par 80 kilomètres, leurs avant-postes par 20. Opérations.

C'est cette bande de 20 kilomètres de long que ces avant-postes se disputèrent quatre mois durant.

Au début d'avril, la cavalerie russe attaque les avant-postes japonais de Tzintziatoun, Tsouyouchou, Taïpingkai. Avril.

Son audace ne cesse de croître : le 14, une pointe parvient à Magentaï au Sud de Chantoufou et y coupe la voie ferrée.

Tsouyouchou a été pris déjà le 12.

Enfin, le 15, Mitchenko, avec une de ses divisions, parvient à Santziatze (confluent du Liao-ho et du To-liao-ho). Ce n'est que là qu'il est enfin arrêté, de l'infanterie ayant rejoint la brigade de cavalerie renforcée de Kounkouzes qu'il poursuivait.

Du 23 au 26, la même opération a lieu sur les routes de Girin et de Chantoufou, avec le même résultat : Tzintziatoun et Ouei-yuen-pou-meun sont enlevés. Les corps détachés, forts chacun de 6 bataillons et 16 escadrons, ne s'arrêtent que devant les positions retranchées de Kaïyuen et de Chantoufou.

Seule, du côté japonais, la Ve armée montre quelque activité. Les 11-12 avril elle débusque d'Eurtaoho un détachement de Rennenkampf qui était venu le 8 la narguer jusque-là (à 13 kilomètres d'Inpan !) et qu'elle force à se replier sur Heïchi-meun.

Mais entretemps, la seconde division de réserve de la Ve armée, occupant Sinking depuis le 13 mars, s'est ébranlée aussi, et, le 14 avril, son avant-garde occupe Inotcheng, après un combat court mais vif — coupant ainsi la retraite aux coureurs lancés vers Rupan. Ceux-ci, quittant aussitôt Heichimeun, tentent le 16 de s'ouvrir un passage à Pakiatze, échouent et rejoignent le gros à Chimiaotze, par les montagnes.

En même temps, un petit corps japonais occupait Nanchankentze.

[1] Sources : près de 120 dépêches officielles des deux partis du 18 mars au 1er septembre.

Le 21, les trois colonnes japonaises tentent une nouvelle poussée en avant, mais se heurtent à de l'infanterie à Tachikoutze, Sinpindiantze et au Vangouling.

A l'extrême-gauche, Masslov attaque et prend Toungkouatien le 10 avril, le reperd le 14.

Mai En mai, même inactivité des Japonais : le 4, ils refoulent l'avant-poste russe à Palitoun, mais, dès le 6, ils l'évacuent et les Russes recommencent leurs courses. Le 9, ils refoulent l'avant-poste japonais de Chahotze.

Le 16, Mitchenko part de Liao-yang-ouo-pen avec trois brigades, apparaît le 18 devant Kangping, où il prend un dépôt d'effets et détruit le télégraphe. On sabre plusieurs bandes de Kounkouzes. Le 19, il arrive à Siaopoutze, où il attaque un détachement de 2 compagnies du 49ᵉ japonais, en détruit une et prend l'autre en entier (5 officiers, 234 hommes) avec 2 mitrailleuses.

Ce mouvement menaçant Fakoumeun, les Japonais lui opposent, à Tafanchen, une brigade d'infanterie, devant laquelle il se replia, ramenant 38 morts et 200 blessés.

Les Japonais tentaient de profiter de son absence devant la droite russe; le 16, la cavalerie japonaise attaque Taoua et n'est arrêtée que grâce à des renforts d'infanterie. Un autre groupe occupe Yantzeling-sation, puis, le 18, après une première tentative infructueuse, il rentre à Chaotze. Un autre encore occupe Chimiaogen, sur la traverse de Taoua.

Le 23, après la rentrée de Mitchenko, l'activité des Russes reprend : la colonne Martynof, partant du Iaomaling, attaque Nanchentze, tandis que la colonne Troubstskoï s'empare de Kautaoho, dans la vallée du Kao-ho.

Dans la montagne, divers petits combats (du 5 au 7 mai) permettent aux Japonais un nouveau pas en avant : ils occupent Chimiaotze et Vangouling. Les Russes se retirent sur Tchaitziadian et Liouhotcheng. Ils n'y seront plus inquiétés.

Cependant, le désastre de Tsoushima vient de terminer définitivement la guerre maritime, et le 10 juin, les deux partis ont accepté en principe l'ouverture de négociations de paix. Juin.

Mais il n'a pas été question d'armistice.

Or, c'est le moment de livrer bataille ou jamais : le sol est ferme, la température moyenne, et il ne reste que quelques semaines avant les pluies....

En Europe, les japonophiles s'étonnent qu'Oyama ne donne pas le coup de grâce à la Russie.

Aussi, lorsqu'on annonce que, le 10 juin, la cavalerie japonaise, après avoir repoussé, le 3, un nouveau raid de 20 escadrons sur Kanping, s'est portée en deux colonnes sur Liao-yang-ouo-pen et à l'ouest de celui-ci, a refoulé, le 13, les avancées russes et occupé, le 16, Liao-yang-ouo-peu même, « avec une division d'infanterie et 30 escadrons, » tous proclament à l'envi que c'en est fait. L'offensive japonaise est déchaînée! Tout au moins on y voit le commencement du mouvement tournant sur Tsitsikhar prédit par certains.

En outre, une brigade japonaise occupe, le 18, le Iaomaling et une autre Chouangmiaotze.

Mais, dès le 21, il faut déchanter : les Japonais rentrent sur toute la ligne dans leurs anciennes positions.

Alors les nouvellistes se rabattent sur autre chose : Un détachement japonais aurait, par un raid de 240 kilomètres, atteint Omoso, entre Girin et Ningouta, menaçant la ligne Kharbin-Vladivostock. Cela n'a rien d'impossible et l'exploit équestre serait beau, mais il est étrange qu'aucun rapport officiel, même japonais, n'en ait parlé.

D'autres annoncent que Girin est menacé par la Ve armée. La réalité est moins brillante : de ce côté, Rennenkampf a repris, le 5, Nanchentze (reperdu d'ailleurs le 12) et nettoyé la vallée du Tsingho, jusqu'à Vanloukou.

Les 21 et 22, la Ve armée a fait débusquer par son

avant-garde le détachement de Rennenkampf (2000 hommes, 3 canons) resté à Sinpoudiantze, tandis qu'une autre colonne faisait une démonstration sur Chiniaotze. Le 24, une nouvelle poussée leur fait gagner Santziatai, dans la vallée du Tsingho.

Le 28, ils occupent Vanhokoutze et Santziafan. Le 5 juillet, ils attaquent vainement Lakouchan, le prennent le 7 et s'arrêtent de nouveau.

Ils ont donc avancé de 12 kilomètres en un mois.

Juillet. Cette fois l'opinion européenne a fini par comprendre qu'il n'y aurait plus rien. L'intérêt est détourné vers la Corée et Sakhaline, et les négociations de paix donnent quelque espoir.

Cependant, le 1er juillet, dans un nouveau raid, Mitchenko parvient à Liaovaitze à 24 kilomètres N.-E. de Kangping. Il avait 6000 cavaliers avec 18 canons. Trouvant sa route barrée par un retranchement, il s'en empara par assaut et s'y maintint jusqu'au 2 au matin, malgré plusieurs contre-attaques. Mais il perdait 34 tués et 250 blessés; par contre, il affirmait avoir détruit dans la redoute un bataillon ennemi.

Le 26 juillet, Rennenkampf reprend l'offensive, bien que les pluies aient commencé; il rentre à Eurtaokou et chasse quelques Kounkouzes du Vangouling.

Puis les pluies inondant tout, il ne se passe absolument plus rien, sauf la reprise, le 20 août, par Rennenkampf, de Chinniaotze et Lakouchan.

Le 27, l'armistice étant déjà signé mais non notifié, il attaqua encore, mais sans succès, Nanchankentze.

Ce furent les derniers coups de fusil de la campagne.

Pourquoi cette inaction? C'est la question que beaucoup se sont posée des mois durant. Nous y répondrons, bien que cela sorte un peu de notre cadre, pour satisfaire des curiosités légitimes.

Les adversaires n'ont pas bougé :

1° *Parce qu'ils ne le pouvaient pas*, du moins au début. Les

Russes, parce que, réduits à 215.000 combattants, ils ne furent renforcés que de 40.000 h. par mois.

Ils avaient devant eux 320.000 Japonais bientôt reportés à 370.000, grâce aux dépôts avancés. Il ne pouvait donc être question d'offensive avant juin. Or, à ce moment, les négociations commencèrent.

Les Japonais ne le pouvaient pas non plus, parce qu'ils manquaient de cavalerie.

Tieling n'est pas qu'un défilé important; c'est la porte d'une Mandchourie toute différente de celle du Sud : au lieu du terrain coupé, cultivé, parsemé de gros villages dont leur agile infanterie tirait si bon parti, ils avaient désormais devant eux d'immenses pâturages où rien n'arrêtait la vue ... ni les balles. Il y fallait donc une cavalerie formidable.

Ils avaient bien déjà grossi leurs brigades de Kounkouzes régularisés et donné des instructeurs et des armes à des bandes auxiliaires, mais dans la Mandchourie du Sud, si fortement modifiée par l'immigration chinoise, le recrutement était médiocre comme qualité et comme quantité. Au contraire, en approchant de la Mongolie, ils avaient sous la main une vraie mine d'auxiliaires de tout premier ordre. Ils se mirent donc à les organiser [1] et en même temps ils achetèrent 10.000 chevaux en Australie pour monter de nouveaux escadrons réguliers et améliorer la remonte des anciens [2].

D'autre part, nous savons que le train japonais n'avait compris jusque-là que des porteurs en grande partie auxiliaires. En entrant dans une région de population si peu dense, il fallait remanier ce système de fond en comble et ce n'était pas facile, les énormes achats à hauts prix faits par les Russes ayant fortement diminué l'existant en chevaux.

1 Six mille furent déjà mis en ligne au combat de Santziatze (15 avril).

2 *Daily Telegraph*, 18 mars.

Sidney, 27 mars au même. Huit vapeurs affrétés pour amener ces chevaux à Hong-Kong.

Brisbane, 26 mai : « Averton-Grange » part avec 1337 chevaux pour le Japon

Pour tout cela, il fallait du temps, beaucoup de temps, et juin vint aussi pour eux sans qu'ils se fussent jugés prêts.

2° *L'offensive ne les conduisait à aucun résultat décisif.* — En effet, le premier objectif des Russes était Tieling. Ils ne pourraient le reconquérir que par une grande bataille, coûtant fort cher, peut-être deux, si l'ennemi défendait ensuite la ligne du Fan-ho, et seulement alors, ils pourraient menacer Moukden mais ne l'occuperaient pas nécessairement pour cela.

Pour les Japonais, c'était pis encore : leur adversaire n'occupait aucun point dont la conquête valût une bataille, et sa capitale, Kharbin, était à *plus de 500 kilomètres*, soit *à plus d'un mois de marche* plus au nord.

Ils ne pouvaient donc se proposer qu'un seul objectif : la destruction de l'adversaire. Mais comment l'obtenir? De front? Il était retranché, particulièrement dangereux dans la défensive et, au pis-aller, ne se laisserait pas détruire, mais reculerait sur Changchoun-Girin.

De flanc? Par lequel?

Ce n'est pas par Tsitsikhar, comme on l'a dit, en jonglant avec les centaines de kilomètres, comme les journalistes en ont l'habitude, ni même par Bodoune.

Certainement, un corps détaché de cavalerie pouvait faire un raid de 300 *kilomètres* à travers la Mongolie, mais à condition d'emporter tout avec lui, la région ne pouvant *rien* fournir au nord de Kouaito. Même il semble que les Japonais y ont pensé car, dès avril, ils constatent, par des communiqués à la presse, que les Russes font des achats de bestiaux et même, assurent-ils, des réquisitions en Mongolie. C'étaient des jalons.... Mais, quant à engager dans cette région une armée ou même un corps, il n'y fallait pas penser un seul instant.

Du côté de l'Est, c'était la même chose avec, en plus, les obstacles résultant d'une région fort montagneuse, aux routes n'existant que de nom. Heiloungchen maîtrisait, du reste, toutes celles venant de la Mandchourie du Sud (d'Inpan, Sinking et Tongkouasien).

3° *L'intérêt s'était déplacé.* — En effet, en avril et mai, la partie décisive se joua sur mer et non sur terre.

En juin et juillet, les Japonais, après avoir accepté les propositions de paix, jugèrent — peut-être un peu tôt — la question de principe résolue et, refusant l'armistice, ils abusèrent de leur commandement de mer pour s'emparer des territoires russes que la destruction de la flotte rendait indéfendables.

Ils comptaient ainsi se ménager le droit d'imposer des annexes au futur traité, dont ils croyaient les grandes lignes déjà tracées *ne varietur* à leur profit.

Ils dirigèrent donc deux divisions sur la Corée (les 13°, 16°) et une sur Sakhaline (15°), mais, respectant le principe qui veut que l'on ne divise pas son effort, ils ne bougèrent plus en Mandchourie.

***

Malgré une nouvelle grève déclarée le 15 juin par les ouvriers, le Transsibérien donna de nouveau son maximum dès le dégel — 14 trains par jour. Situation au moment de la paix.

La 4° brigade de chasseurs rejoignit, dès la mi-mars et, le 16, la tête du IV° corps arrivait, suivie de la division mixte de cosaques du Caucase, de sorte qu'à la fin d'avril toutes les unités mobilisées en 1904 et relevées dans notre Tome II avaient rejoint. En outre, le nombre des batteries de montagne avait été porté de 18 à 26 par emprunts de batteries actives aux 4 divisions du Caucase, le 3° régiment de mortier et les 2°, 8° et 9° bataillons de sapeurs.

Durant ces mois, on procédait, en Russie, à la formation de détachements de recrutement — par choix d'hommes en service actif — dans les régiments non mobilisés et qu'on y remplaçait par les réservistes des bataillons de dépôt supplémentaire. Cent vingt mille hommes partirent ainsi et, comme ils n'emmenaient ni bagages ni matériel roulant, dix semaines suffirent à leur embarquement.

A la fin de juin, ils comblaient les pertes de Moukden, permettaient la transformation des 5 brigades de chasseurs d'Europe et de la brigade locale de place Possiet-Hountchoun en six « divisions » de chasseurs, à 12 bataillons.

A la mi-juillet arriva la 53e division de réserve, mais elle fut dirigée sur Vladivostock.

Enfin, un oukaze du 10 juin avait mobilisé les IXe et XIXe corps et leur transport commença le 15 juillet.

Un oukaze du 7 juillet avait mobilisé les XIIIe et XXIe corps. Leur mobilisation s'achevait.

En cas de reprise des hostilités, les Russes auraient donc mis en ligne : 514 bataillons, 187 escadrons et 201 batteries avec 1558 pièces et 168 mitrailleuses (21 sections).

En comptant les anciens corps à leur pied de Moukden reconstitué, les nouveaux au complet, c'était un total de 463,000 combattants que l'arrivée des deux derniers corps devait porter à 527,000.

Les Japonais ne semblent pas avoir aussi fortement renforcé leur armée de Mandchourie, étant trop occupés ailleurs [1].

Ils se bornent à reconstituer leurs unités au moyen des dépôts avancés et à augmenter à force le nombre de leurs auxiliaires Kounkouzes. Avec eux, leur armée de Mandchourie s'éleva, dès mai, à 390,000 hommes environ, mais ne s'augmenta plus ensuite.

Ils pouvaient, il est vrai, au premier signe d'échec des négociations, amener en ligne leurs 52 bataillons de dépôt avancé et transformer du coup leurs brigades de réserve en divisions.

Il leur restait également au Japon et à Port-Arthur les 14e et 17e divisions formées d'ex-territoriale.

[1] La 10e division de chasseurs ne fut constituée que le 15 mai, au moyen des 2 bataillons de place de Houn-tchoun, des 4 de Possiet, des 4 de Blagovestchenk (5 remplacés par les dépôts des 4e, 5e, 6e de Sibérie) et cinq troisièmes bataillons nouveaux.

Mais après cela il n'y avait plus rien : cadres, armes et même hommes, tout aurait manqué.

Ces ressources leur auraient permis de porter l'armée de Mandchourie à 480,000 hommes.

II. — LA CORÉE ET VLADIVOSTOCK.

Nous avons vu les Russes qui, en janvier, avaient encore des avant-postes jusqu'à Pouk-tcheng (1200 cosaques et 600 okhotnikis) et Syong-tjin (un régiment d'infanterie), les replier dès que la chute de Port-Arthur fut connue.

Il était en effet certain que la flotte japonaise, sans objectif tant que l'escadre de Rodjestvenski ne bougeait pas de Madagascar, allait, à bref délai, reporter son effort sur les côtes de Corée (Vladivostock étant dans les glaces), et que le détachement lancé jusqu'auprès de Hambeung risquait de voir sa retraite coupée par le débarquement d'un corps japonais en un point quelconque de la côte.

De plus, on pouvait craindre, à partir du dégel en mars, une entreprise sur Vladivostock même : les Japonais, d'ordinaire si discrets, l'annonçaient très ouvertement.

Rien de tout cela ne se passa : la flotte presqu'entière se prépara à recevoir l'escadre de Rodjestvenski et ne détacha que quelques croiseurs aux détroits de Tsoushima et de Tsougarou pour arrêter efficacement la contrebande, un peu négligée tant que Port-Arthur avait absorbé l'attention. Quant aux forces de terre, tout ce qu'on put organiser jusqu'en mars passa intégralement à la Ve armée de Mandchourie.

Les Russes continuèrent donc à occuper Kiong-song avec des avant-postes à Kapsan et à Kildjou, sans y être inquiétés.

Cependant les craintes éprouvées un moment pour Vladivostock avaient fait activer sa mise en défense et réorganiser l'armée du Transamour.

Le commandement supérieur était exercé par le général Kretchatichki ayant sous lui les lieutenants-généraux Kazbek, gouverneur de Vladivostock et Andreiev, commandant les forces mobiles. C'étaient, pour *la place,* 12 bataillons de la huitième division de chasseurs, 8 bataillons isolés de dépôt, 6 bataillons d'artillerie de place et 6 bataillons de génie, soit avec les marins 30,000 hommes.

Pour *les forces mobiles,* 9 bataillons de la 2e et 15 de la 10e division de chasseurs avec 6 batteries montées et 4 régiments de cosaques avec une batterie, soit 30,000 hommes également.

Dès après la bataille de Moukden, les menaces contre Vladivostock reparaissent dans la presse anglaise et japonaise, et cette fois on peut leur donner au moins un simulacre d'exécution : à la fin de mars, le général Hasegawa, gouverneur général de Corée, peut enfin garder deux divisions d'ex-territoriale, l'une formée du corps d'occupation ancien (13e), l'autre débarquée dans le courant du mois (16e). On commence en même temps à débarquer à Chemulpo une division de territoriale nouvelle destinée à remplacer dans sa mission le corps d'occupation.

En outre, on proclame bien haut que la destination des 14e et 15e divisions, encore en formation au Japon, est Vladivostock, qu'un parc de siège est en formation, etc.

La vérité est au milieu : il n'est pas question de toucher au gros morceau qu'est Vladivostock avant d'en avoir fini avec l'escadre de la Baltique, et encore,...

Mais ayant deux divisions disponibles, Hasegawa peut enfin prendre possession de la province Nord de la Corée.

C'est ce qu'il fait : le 6 avril, ses colonnes atteignent Kildjou et Kapsan que les avant-postes russes cèdent après de légères escarmouches, et dès lors elles s'arrêtent pour réorganiser l'administration et pour chasser les partisans des Russes fort nombreux dans la population.

Durant tout le mois d'avril, le mois de mai et la moitié de juin, ils ne bougent pas de cette position.

Mais Tsoushima vient de rendre toute liberté à la flotte japonaise. Cette fois, la question du siège de Vladivostock se pose plus impérieusement.

Pour les Japonais, elle ne fut pas longue à résoudre : ils savaient par Port-Arthur, assiégé alors qu'inachevé, et défendu par 50,000 hommes avec une artillerie incomplète, ce que les Russes valent dans une place forte.

L'idée d'attaquer dans Vladivostock 80,000 hommes (avec le corps d'Andreiev replié et la 53e division arrivée en juin) alors qu'ils ne disposaient que de quatre divisions d'ex-territoriale ne put même pas leur venir.

En outre, les négociations de paix commençaient, et ce qu'ils voulaient, c'était s'assurer rapidement et facilement des gages pour arguer dans les négociations d'une possession réelle des territoires qu'ils comptaient revendiquer.

A ce point de vue, Sakhaline était toute désignée, Vladivostock au contraire absolument contre-indiquée.

Mais il importait au plus haut point de la menacer quand même, et d'en parler beaucoup.

Cela fut fait : au début de juin, les divisions d'Hazegawa se remettent en marche.

Celle de gauche occupe le 2 Lansou, le 17 Mousan sans aucune opposition; les cosaques sont déjà à Hoï-rieng.

Celle de droite se heurte le 14 à quelque résistance à Pogotchi, mais ce ne sont que des cosaques; le 17, elle parvient à Kieng-sieng, mais le corps principal russe fort de 3000 hommes d'infanterie et 16 pièces, l'a quitté l'avant-veille déjà. La colonne marche avec une lenteur désespérante : le 26 elle n'est qu'à Sousieng, — 18 kilomètres en 9 jours!

L'arrière-garde russe est à Pou-rieng; le 2 juillet, elle

attaque l'avant-garde japonaise à Noromok, au Sud des monts Païkak-san, mais est repoussée et rejetée sur un autre détachement japonais. Elle rejoint alors l'autre arrière-garde à Hoï-rieng, découvrant le gros à Kieng-heung. Et cependant, la colonne de droite d'Hazegawa n'avance pas encore.

Il faut que le 17 une escadrille vienne bombarder en divers points la route de la côte (baie Hachkevich, baie Kornylov et baie Anna) pour lui ouvrir passage.

Le 27 juillet, la colonne de droite s'empare du col de Mousaling dans les monts Païk-ak-san [1]; les Russes se replient sur Kopounsan. En même temps, elle parvient à occuper Yengi (Outchi) avec l'aide des torpilleurs. La colonne de gauche se bute toujours à Hoïrieng.

Mais le 5 août, Andreiev reprend l'offensive : Kopoungsan et Yengi sont repris. Le 20, les Japonais reprennent à leur tour ce dernier, mais échouent les 21 août et 1er septembre dans l'attaque de Kirkoumoui (Kiemourojoni), bien qu'ils aient déployé la seconde fois six bataillons.

Ainsi, en trois mois, cette armée qui devait investir Vladivostock, n'atteignit pas même la frontière du Toumen. Elle n'eut qu'une rencontre avec le gros des forces d'Andreiev — la dernière après l'armistice — et n'y eut pas le dessus. Sans commentaires.

[1] C'est à propos de cette dépêche qu'un journal belge connu pour sa russophobie imprima « que Linievich parlait de victoires imaginaires dans « des localités qui n'existaient pas. »

Il faut dire à sa décharge que la dépêche telle que les journaux français l'avaient traduite du russe portait « Musaljong et Payxabang. »

III. — SAKHALINE

Dès la perte de la bataille de Tsoushima, le sort de Sakhaline fut si certain que les Russes ne se donnèrent même pas la peine de le renforcer.

Cette île cédée par le Japon en 1875, n'était guère employée par les Russes que comme colonie pénitentiaire, alors qu'elle contient d'énormes richesses en houille et minerais.

C'était une double raison pour les Japonais de n'en pas différer la prise de possession.

Il n'y avait dans l'île que 13.000 prisonniers, 5000 hommes de garnison (5 bataillons et 2 batteries) — et seulement 9000 habitants dont 2300 indigènes et 1000 chinois et japonais.

A la fin de juin, le gouverneur, général Liapounov, grossit ses faibles forces de quelques compagnies de volontaires formées de condamnés graciés et rassembla toutes ses forces à Alexandrovsk, sauf un bataillon laissé à Korsakova.

Du 3 au 5 juillet, la 15e division japonaise s'embarque dans le port d'Hakodate. La division navale Kataoka (Chin-yen-Fuso), 7 croiseurs, 2 canonnières et 30 torpilleurs, l'escortait.

Le 7, on fut devant Korsakova : une batterie formée des 6 pièces de 15, tirées du *Novik*, épuisa ses munitions sans grand résultat, vu l'inexpérience des canonniers, puis l'unique bataillon se mit en retraite. Cependant les Japonais ne débarquèrent pas à Korsakova même, mais à la baie des Saumons ; ils arrivèrent à Korsakova le 8, le trouvèrent évacué et incendié. En conséquence, l'on ne débarqua là qu'une faible partie de la division (3 bataillons et 1 batterie).

Dès le 10, elle rencontrait à Vladimirovka un bataillon russe en retraite et l'en chassait. Mais le 11, elle se heurte au même bataillon, retranché dans la forêt de Daline. Malgré la disproportion des forces, les Russes firent tout le jour une résistance acharnée. Ils avaient 6 canons et 3 mitrailleuses, mais presque pas de munitions; après plusieurs attaques d'infanterie coûteuses, les Japonais couvrirent la forêt d'un millier de shrapnells, sans grand effet; un nouvel assaut à la tombée du soir coûta la vie au colonel japonais et ne donna rien. Enfin, le matin du 12, les Russes menacés d'être tournés sur leur flanc gauche et voyant leurs munitions s'épuiser, s'enfoncèrent dans la forêt (9 h. matin).

Mais cette brave petite troupe isolée à 400 kilomètres du gros était vouée à la destruction. Grâce au couvert des bois, elle n'avait laissé à l'ennemi avec son artillerie (sans munitions) que 80 hommes. Mais déjà les Japonais avaient débarqué à Maoka (le 8), au cap Notoro (le 10); le 14, ils occupent encore Naïbouchi; la reddition de cette poignée d'hommes n'était donc qu'une question de temps. Le colonel Arctievski se rendit en effet, le 20, avec 13 officiers et 437 hommes, tous mourant de faim et sans munitions.

200 hommes environ ne s'étaient pas rendus et continuaient à errer dans les forêts; par la suite, plusieurs se firent tuer en essayant d'assaillir les vedettes japonaises pour s'emparer de leurs munitions, d'autres se rendirent isolément....

Cependant, le gros de l'expédition arrivait en vue d'Alexandrovsk, le 23 juillet. — Un détachement de l'escadre Kataoka simula un débarquement à Doui qu'il bombarda, tandis que le débarquement réel se faisait à l'embouchure de la rivière Arkov, à 12 verstes au Nord.

Le général Liapounov ne fit aucune résistance sur la côte; il évacua Arkov et Alexandrovsk et se retira sur Rykhov où il réunit tout son monde en une position choisie sur la rivière Tymov.

L'unique escadron d'Haraguchi y parvint le 27, mais dut

se replier. Le lendemain 28, à trois heures du matin, Haraguchi, avec 9 bataillons et 2 batteries, attaqua vigoureusement et, après une mêlée dans les rues de Rykov, la ville fut prise (8 h. 1/2). Cet échec entraîna la retraite de tout le corps russe sur Palevo, en grand désordre.

Le 28 après-midi, l'escadron, avec une seule compagnie d'infanterie, le rejoignit au Sud de Palevo, le dispersa une seconde fois et lui prit 2 canons — le 29, il le suivit encore à Tauran.

Enfin, le 30, le général Liapounov envoya un parlementaire disant que, faute de linges et de médicaments, il ne pouvait soigner ses blessés, et demandant la cessation des hostilités, au nom de l'humanité. — Le 31, il se rendit avec 70 officiers et 3,200 hommes, restes des 6,000 qu'il avait commandés. — 800 autres avaient été pris déjà à Arkov et Palevo.

Sakhaline était occupé.

***

A cette occupation, les Japonais ajoutèrent un hors-d'œuvre assez platonique : l'occupation de l'embouchure de l'Amour et d'Okhotsk.

Il était en effet certain que rien ne pouvait les empêcher d'y venir, la mer étant à eux, mais que rien au monde ne pourrait les y maintenir quand elle serait gelée.

Cette « occupation » fut donc plus politique que militaire. Elle consista dans le débarquement d'une escouade d'infanterie de marine au phare d'Imperatorskaja, dans la baie de Castries, le 7 août.

Quant au détachement envoyé par l'amiral Kataoka à Okhotsk, il fit la prise lucrative d'un navire chargé de fourrures [1] et arbora, le 13 août, un pavillon japonais, à Petropavlovsk, où seul était resté le maître d'école, ff. de gouverneur, et sa famille.

[1] Tokio, 36 août au *Daily Telegraph*.

XX. — La Paix

Pourquoi si tard?

A plusieurs reprises déjà, des bruits de paix avaient circulé, presqu'aussitôt démentis. Mais ce fut surtout après la bataille de Moukden qu'ils trouvèrent créance.

Et, il faut l'avouer, ce n'était pas à tort :

La Russie venait de constater une fois de plus l'organisation défectueuse de son armée, et les troubles à l'intérieur de l'empire devenaient menaçants; enfin, elle n'avait pu faire, en mars 1905, qu'un emprunt interieur à 5 °/₀ émis à 96 1/2.

Le Japon avait obtenu, en fait, tout ce qu'il réclamait avant la guerre; il ne pouvait, comme nous l'avons vu, poursuivre ses avantages sur terre, sans des sacrifices tout à fait disproportionnés aux objectifs à atteindre (Vladivostock et Kharbin); enfin, si l'argent, qui d'abord lui avait été marchandé, lui était offert maintenant à 5 (4 1/2, mais émission à 90 °/₀), c'est le personnel dont la limite d'extension était près d'être atteinte.

Tous deux avaient le besoin, sinon le désir de la paix.

Mais on comprend sans peine qu'ayant en l'escadre de la Baltique une chance, si fragile qu'elle fût, de marquer quelques points, la Russie ait voulu la risquer encore, quand on sait ce que l'opinion publique entendait au Japon par la paix.

Quelques extraits de journaux et revues du pays en diront plus que de longues phrases.

Le comte Okuma, chef du parti progressiste, dans le *Taiyo (Soleil)* du 11 mars 1904 : « Jusqu'à quelle extrémité » faut-il pousser la Russie, pour la remettre à sa place? Si » les autres puissances n'interviennent pas, nous prendrons

» Kharbin, nous vaincrons en Sibérie et nous irons conclure » la paix à Saint-Pétersbourg. »

Le professeur Tomidzu, de l'Université de Tokio, *Revue diplomatique*, 20 octobre 1904 : « Par la guerre actuelle, il » suffit que le Japon s'adjoigne seulement les territoires à » l'Est du Baïkal; mais, dans la prochaine, il devra planter » son drapeau sur l'Oural. »

Teramaro Mumetomo, dans le *Bulletin de la Société orientale*, 20 août 1904 : « Voici les articles principaux que » notre diplomatie doit exiger : 1° La Corée; 2° Alliance » offensive et défensive avec la Chine. Le Japon est chargé » de la réformer ; 3° *Cession de la Sibérie à l'Est du Baïkal;* » 4° Dans le but d'assurer la paix en Orient (?), le Japon » s'entendra avec *les* puissances, dans le but de limiter *leurs* » flottes de guerre en Orient, le Japon assumant la tâche » d'y maintenir la paix; 5° Cession de *la ligne entière du* » *Transsibérien;* 6° Accord avec les puissances, afin d'établir » que *le consentement du Japon* soit nécessaire pour la solu- » tion de toutes les questions qui s'élèveront en Orient. »

Enfin, citons, pour couronner ce bouquet de citations, M. Yamada Chio, dans *Jidaï Shicho* : « De même que le » soleil est le centre du ciel, le Japon est le centre de la » terre. L'Angleterre est baignée par un océan de second » ordre, la jeune Amérique est trop vaste, la Chine trop » massive. C'est donc au Japon que revient *le rôle d'unifier* » *le monde....* »

On comprend maintenant pourquoi la Russie fit démentir énergiquement les bruits de paix après Moukden, et préféra risquer une dernière partie.

***

Mais vint Tsoushima : sa dernière force navale, si coûteuse, n'existait plus, les troubles intérieurs augmentaient Intervention Roosevelt.

encore, et les financiers européens, en présence de cette situation, ne voulaient plus entendre parler d'emprunt.

Le président des États-Unis, M. Roosevelt, jugea le moment venu, pour le Japon, de réaliser ses bénéfices, puisqu'il ne pouvait plus guère en faire de nouveaux sans des sacrifices disproportionnés; pour la Russie, de sortir d'une situation inextricable.

Le 8 juin, après avoir pressenti les deux gouvernements, ainsi que ceux des puissances neutres, il transmet, par voie diplomatique, une note, demandant instamment aux deux gouvernements « de consentir à une conférence directe entre » les belligérants, pour examiner s'il n'est pas possible de » se mettre d'accord sur les conditions de paix. »

Dès le 12 juin, tous deux acceptaient en principe. La Russie proposant Paris, et le Japon, Chefou, comme lieu de la conférence, M. Roosevelt suggéra Washington, qui fut accepté de part et d'autre.

Quant à la question d'un armistice éventuel, elle est demeurée assez obscure; il n'est pas certain que la Russie l'ait formellement demandé et ait essuyé un refus formel. Il est plus probable qu'elle fut prévenue officieusement qu'elle n'avait aucune chance de l'obtenir. En effet, la presse japonaise mena toute une campagne contre l'idée seule d'un armistice, par avance, et nous avons vu que le Japon avait déjà des plans arrêtés sur le parti à tirer du temps qui s'écoulerait jusqu'à l'ouverture de la conférence.

Ce temps devait résulter du délai nécessaire pour nommer les plénipotentiaires et de la durée de leur voyage. On fixa donc le début du mois d'août.

Une dernière difficulté fut soulevée par le Japon : il voulait avoir l'assurance que les envoyés russes seraient des plénipotentiaires ayant qualité pour traiter et non de simples enquêteurs chargés de s'informer des conditions. On le rassura sur ce point.

Le Gouvernement russe n'abdiquait certes pas toute méfiance envers les conditions éventuelles du Japon; il ne fondait pas sur les négociations un espoir illimité — et continuait par conséquent ses armements — mais son désir de la paix était sincère.

La nomination de ses envoyés en fut la preuve : après plusieurs faux bruits, quand on connut la nomination de M. Serge Witte, ancien ministre, jadis remplacé pour avoir signalé le danger d'une extension démesurée et mal consolidée en Extrême-Orient, on n'eut plus de doute en Europe sur les intentions pacifiques de la Russie. M. de Rosen, ambassadeur russe au Japon en 1903, à Washington à ce moment, devait l'assister.

Le Japon nomma le baron Komura, ministre des affaires étrangères, assisté de M. Takahira.

Les plénipotentiaires débarquèrent le 2 août à Portsmouth, petite station balnéaire et maritime qu'on avait choisie, les chaleurs rendant Washington inhabitable.

Le président Roosevelt présenta les envoyés les uns aux autres, les reçut à sa table, et leur remit le local préparé : quelques salles blanchies à la chaux du dépôt d'approvisionnement maritime.

Conférence de Portsmouth.

Deux séances (8 et 9 août) passèrent en questions de forme : on adopta notamment l'anglais pour les discussions, le français pour les rédactions. Ces premières séances mirent de suite en lumière la franchise et la bonne volonté des Russes au point de modifier profondément l'opinion de la population américaine, si excitée contre la Russie, en leur faveur.

Enfin, à la troisième séance (10 août), le baron Komura remit par écrit l'exposé des conditions du Japon. C'étaient, croit-on :

1. Reconnaissance du protectorat japonais sur la Corée.

2. Évacuation de la Mandchourie.

3. Garantie réciproque de l'intégrité de la Chine et de la « porte ouverte » en Mandchourie.

4. Cession du bail de Port-Arthur et de la péninsule du Liao-toung.

5. Cession de l'île de Sakhaline.

6. N'a pas été connu.

7. Cession du chemin de fer transmandchourien et des droits y afférents jusqu'à Kharbin.

8. Limitation des droits de la Russie quant aux garnisons de la ligne au delà de ce point.

9. Indemnité de guerre de trois milliards.

10. Cession au Japon des navires de guerre russes internés dans les ports neutres.

11. Limitation des forces navales russes en Extrême-Orient.

12. Droits de pêche à accorder au Japon au Kamtchatka et sur le littoral sibérien.

Le plus grand secret avait été gardé; néanmoins, par ce qui perça, il fut visible que les négociations risquèrent fort de s'arrêter court. C'est pour cela que les envoyés japonais avaient exigé tout ce mystère, dont M. Witte se plaignait le 10, dans une interview : ils comptaient imputer la rupture à la Russie, mais en tenir les motifs secrets en cachant leurs conditions excessives.

D'autre part, il est vrai que si plusieurs articles étaient inadmissibles, plusieurs prétentions que l'on craignait de voir se produire : démantèlement de Vladivostock, cession de territoires au Kamtchatka et à l'embouchure de l'Amour, etc., n'y figuraient pas.

Cependant l'opinion publique japonaise les réclamait, et les omettre montrait chez le gouvernement l'indice d'une modération indéniable.

M. Witte en référa le 10 même à Pétersbourg.

Le 12, il remettait réponse au baron Komura. C'était une acceptation de la discussion des articles.

Dans les séances des 14 et 15, les quatre premiers articles furent adoptés; on ne discuta que des questions de forme et de détail. Mais l'après-midi du 15, l'article 5 souleva un débat animé : M. Witte déclara que toute cession de territoire lui était interdite et attenterait à l'honneur de la Russie. M. Komura répondit que ce n'était pas une cession mais une restitution, le Japon n'étant pas libre lorsqu'il avait cédé l'île par le traité de 1875....

Bref, on ne put s'entendre et l'article fut ajourné.

Les articles 7 et 8 furent adoptés en séance du 16; M. Witte obtint cependant le choix de Kouantchentze et non de Kharbin comme démarcation.

Mais la journée du 17 fut orageuse.

M. Witte se refusait à discuter l'indemnité : « il n'en » admettait pas le principe; l'indemnité se réclame de nations » dont l'existence même est menacée, qui sont à la merci de » leur vainqueur. La Russie n'en a pas donné en 1812 quand » l'ennemi était à Moscou. Elle n'en donnera pas alors que ses » armées ont soutenu une lutte jusqu'ici malheureuse, il est » vrai, mais qu'elles sont plus fortes que jamais et que l'ennemi » est à un millier de kilomètres de la frontière de Sibérie. »

M. Komura répondait que de l'opinion non seulement des Japonais, mais du monde entier, la défaite de la Russie était irrémissible tout au moins sur le théâtre de guerre extrême-oriental — que par conséquent l'indemnité était justifiée — qu'étant un remboursement des frais de guerre, elle n'attentait pas à l'honneur de la Russie.

Mais M. Witte demeura inébranlable et l'article fut ajourné.

Ce fut pis encore pour la question des navires internés. M. Witte remarqua, et cette fois avec plus de raison encore, que c'était la première fois qu'on voyait réclamer une chose aussi contraire au droit international, que cette demande ne pouvait avoir pour but que de blesser inutilement la Russie.

Vainement, les Japonais réduisirent leur demande « aux

» navires ayant effectivement combattu la flotte japonaise et » qui ne se sont réfugiés en port neutre que pour échapper » à sa poursuite, » l'article fut également ajourné.

Il en fut ainsi de nouveau pour l'article 11. Ici, M. Witte dit qu'en fait la puissance maritime russe étant détruite pour longtemps, cet article était inutilement blessant. Il offrait de le remplacer par un article constatant simplement que la Russie n'avait plus de flotte en Extrême-Orient.

Cette proposition n'étant pas agréée, on passa le 18 à l'art. 12 qui réunit l'unanimité.

Puis la conférence s'ajourna au mardi 22.

Ainsi, tout allait échouer!

M. Roosevelt intervint de nouveau : à sa demande, M. Komura réclama de Tokio l'autorisation de faire certaines concessions : ce fut la suppression pure et simple du 10 et du 11.

Mais Tokio demeurait — et pour cause — inébranlable en ce qui touchait l'indemnité, qu'il proposait seulement d'appeler remboursement, et Sakhaline.

Toutes les réductions successives dans les demandes furent portées à la connaissance de M. Witte par le président, mais elles le trouvèrent inébranlable aussi. On s'ajourna au 29, sans espoir.

Le 26, sur de nouvelles instances, arriva de Tokio l'autorisation d'accepter la somme de trois milliards, non plus comme indemnité ou remboursement, mais comme « rachat de la moitié nord de Sakhaline. » Ce fut encore refusé, mais il y avait là un terrain d'entente. Aussitôt consulté, le tzar autorisa la cession pure et simple de la moitié Sud de Sakhaline, mais en refusant toujours l'indemnité sous quelque nom que ce fût.

Quand le matin du 29 se leva, tout espoir de paix avait donc disparu, et ce fut un vrai coup de théâtre lorsque le baron Komura se déclara prêt à adhérer à la proposition transactionnelle, *renonçant donc à l'indemnité.*

On a tenté d'expliquer cette volte-face : 1° par le traité

anglo-japonais qui venait d'être conclu et dont nous reparlerons. 2) par l'air ambiant; les Américains auraient montré par l'exemple que des avantages commerciaux, tels qu'en donnait le traité valaient mieux que de l'argent comptant; 3) par le point d'honneur bien connu des Japonais à qui M. Roosevelt aurait dit qu'il était indigne d'eux de continuer la guerre rien que pour une question d'argent.

La question reste ouverte ....

Dès le 29 à midi, un communiqué publiait la nouvelle, qui dans le monde entier fut accueillie avec un inexprimable soulagement.

A Tokio seulement, l'accueil fut morne d'abord; tous étaient désappointés; la presse gouvernementale se rabat sur les avantages de l'alliance anglaise, la presse libérale et progressiste qualifie la paix de « honteuse. »

Dans des interviews, les membres de la mission japonaise ne cachent pas leur attente d'être lynchés à leur retour.

Les jours suivants, l'émotion populaire ne cessa de croître, si bien que le 7 septembre, l'état de siège dut être proclamé à Tokio.

En Russie, le petit nombre d'hommes qui réunissent la double qualité d'être instruits et patriotes accueillit le traité sans joie naturellement, puisqu'il consacrait la défaite du pays, mais avec un grand soulagement. Quant aux autres, après avoir réclamé « la paix à tout prix » quand ils la savaient impossible, ils la craignaient maintenant parce qu'elle allait ramener l'armée et la qualifiaient de « comble de la honte de » la bureaucratie, etc. »

L'armée, elle qui malgré tous ses déboires s'était préparée avec abnégation à de nouvelles luttes, accueillit la paix avec joie : les soldats russes n'avaient jamais pu se faire à cette terre infernale, où tout : le froid ou le chaud, le gel et le dégel, les moustiques et les habitants, s'était tourné toujours contre eux.

C'est au point que, comme dans les armées du premier empire, on avait constaté quelques cas de mutilations volontaires et qu'on avait vu des blessés se réjouir de leur blessure « parce qu'ils reverraient la Russie.... »

Le texte définitif fut signé le 5 septembre. En voici l'analyse :

Le traité débute par un préambule exposant que Sa Majesté l'autocrate de toutes les Russies et Sa Majesté l'empereur du Japon, désirant mettre fin à la guerre qui existe actuellement entre eux, et ayant nommé leurs plénipotentiaires respectifs, auxquels ils ont donné pleins pouvoirs, lesquels ont été reconnus en due forme, en sont arrivés à un accord sur un traité de paix, et ont pris les arrangements suivants :

Article premier. — Cet article stipule le rétablissement de la paix et de l'amitié entre les souverains des deux empires et entre les sujets de la Russie et du Japon respectivement.

Art. 2. — Sa Majesté l'empereur de Russie reconnaît au Japon, dans l'empire de Corée, un intérêt prépondérant aux points de vue politique, militaire et économique, et stipule que la Russie ne fera pas d'opposition aux mesures que le Japon jugera nécessaire de prendre en Corée, conjointement avec le gouvernement coréen, pour le gouvernement, la protection ou le contrôle de l'empire de Corée; mais les sujets russes et les entreprises russes jouiront du même statut que les sujets et les entreprises d'autres pays.

Art. 3. — Il est convenu mutuellement que le territoire de la Mandchourie sera évacué simultanément par les troupes russes et japonaises, les deux pays étant impliqués dans cette évacuation et leur situation étant absolument identique. Tous les droits acquis par des personnes et des compagnies privées, resteront intacts.

Art. 4. — Les droits possédés par la Russie, en conformité du bail fait à la Russie de Port-Arthur et de Dalny, ainsi que les territoires et les eaux adjacentes, seront entièrement transmis au Japon, mais les biens et les droits des sujets russes seront sauvegardés et respectés.

Art. 5. — Les gouvernements russe et japonais s'engagent réciproquement à ne pas mettre obstacle aux mesures générales, qui seront les mêmes pour toutes les nations, que la Chine peut prendre pour le développement du commerce et de l'industrie en Mandchourie.

Art. 6. — Le chemin de fer mandchourien sera exploité conjointement par les Russes et les Japonais à Kouang-Tcheng-Tsé. Les portions respectives de la ligne ne seront employées que pour des objets commerciaux et industriels, étant donné que la Russie conserve tous les droits que lui confère sa convention avec la Chine pour la construction du chemin de fer. Le Japon devient propriétaire des mines afférentes à la section de la voie ferrée qui lui échoit; les droits des personnes privées et des entreprises privées devront toutefois être respectés. Les deux parties contractantes restent absolument libres d'entreprendre ce que bon leur semblera sur le territoire exproprié.

Art. 7. — Les Russes et les Japonais s'engagent à faire, à Kouang-Tcheng-Tsé, la jonction des voies ferrées qui leur appartiennent.

Art. 8. — Il est convenu que les voies ferrées du chemin de fer mandchourien seront exploitées dans le but d'assurer entre elles les transports commerciaux, sans qu'il y ait obstruction.

Art. 9. — La Russie cède au Japon la partie méridionale de l'île de Sakhaline, jusqu'au 50e degré de latitude nord; avec cette partie, elle cède les îles qui en dépendent. La liberté de la navigation est assurée dans les baies de La Pérouse et de Tartarie.

Art. 10. — Cet article traite de la situation des sujets russes dans la partie sud de Sakhaline. Il stipule que les colons russes seront libres, et qu'ils auront le droit de rester, sans avoir à changer de nationalité. D'un autre côté, le Japon aura le droit de contraindre les forçats russes à abandonner le territoire qui lui a été cédé.

Art. 11. — La Russie conclura avec le Japon un accord donnant aux sujets japonais le droit de pêcher dans les eaux territoriales russes des mers du Japon, d'Okhotsk et de Behring.

Art. 12. — Les deux hautes parties contractantes s'engagent à renouveler dans toute sa vigueur, avec de légères modifications de détail, et la clause de la nation la plus favorisée, le traité de commerce qui existait entre les deux gouvernements avant la guerre.

Art. 13. — Les Russes et les Japonais s'engagent réciproquement à échanger les prisonniers de guerre, en payant le coût réel de leur entretien, ce coût devant être établi par des pièces.

Art. 14. — Le traité sera rédigé en deux langues, la française et l'anglaise; le texte français faisant foi pour les Russes, et l'anglais pour les Japonais. En cas de conflit d'interprétation, le texte français fera seul autorité.

Art. 15. — La ratification de ce traité sera signée par les souverains des deux États dans un délai n'excédant pas cinquante jours à dater de la signature du traité. Les ambassades française et américaine serviront d'intermédiaire entre les gouvernements japonais et russe, et annonceront, par télégraphe, la ratification du traité.

Les deux articles additionnels suivants ont été adoptés :

Art. 1er. — L'évacuation de la Mandchourie par les deux armées sera complète dans un délai n'excédant pas dix-huit mois, les deux parties ne pourront laisser comme gardes de la voie ferrée que quinze soldats pour chaque kilomètre de la ligne.

Art. 2. — Une commission spéciale de délimitation marquera définitivement sur les lieux la frontière qui séparera les parties de l'île de Sakhaline appartenant respectivement à la Russie et au Japon.

Les résultats.

Maître désormais incontesté de la Corée et de la moitié de Sakhaline, outre Yezo et Formose qu'il possédait déjà, et fort (avec les prises) de 12 cuirassés et 9 croiseurs cuirassés, le Japon devient souverain de l'Océan Pacifique, car jamais une nation européenne, quelle qu'elle soit, ne pourra lutter à pareille distance contre un adversaire disposant d'une telle position géographique et de telles forces.

Revêtu aux yeux des Chinois du prestige du vainqueur, installé dans Port-Arthur qui commande le golfe de Petchili, et sur le Transmandchourien, il peut imposer ses volontés à la Chine elle-même.

Quant aux colonies européennes ou américaines en Extrême-Orient, leur sort dépend de son bon plaisir.

Une seule chose pouvait limiter ses armements et son ambition : le défaut d'argent. Le traité anglo-japonais renouvelé le 12 septembre lève cet obstacle : Il stipule en effet une *alliance offensive et défensive*. Ne pouvant endiguer la force expansive du peuple japonais, l'Angleterre, par ce coup de maître, non seulement met ses colonies à l'abri de cette expansion, mais elle attache à leur défense toute cette puissance militaire qui s'est révélée. Qu'offre-t-elle en échange, car sa flotte est loin, son armée nulle? Rien que ce qui manquerait éventuellement au Japon : l'argent.

Certains ont trouvé que l'ensemble de ces résultats constituaient une garantie de paix....

Cela sera vrai tant que toutes les nations européennes feront toutes les volontés de l'Angleterre et du Japon. Mais jusqu'à quel point iront ces volontés, et ne viendra-t-il pas un moment où, soit une, soit plusieurs nations préféreront la guerre aux humiliations qu'on leur imposerait?

Le Japon ne semble pas se faire de grandes illusions d'ailleurs, sur cette perspective de paix perpétuelle, car son premier geste, après la guerre, fut la commande de 4 cuirassés. Peu après, il adoptait le service de 2 ans, augmentait son contingent annuel de 100 °/₀, maintenait comme actives et définitives cinq des divisions nouvelles formées pendant la guerre....

La Russie perd toute influence en Extrême-Orient. Et cela ne résulte pas tant des pertes matérielles que de facteurs moraux : on ne faisait absolument rien de Sakhaline, il eût fallu quand même évacuer la Mandchourie (sauf le chemin de fer) dans un temps donné, et Port-Arthur est la seule cession de territoire vraiment regrettable.

Mais ce qui est irréparable, c'est la perte de tout prestige en Chine, perte qui exclut pour longtemps, sinon à jamais, la Russie de toute part à la direction des destinées de cet empire.

Cela, c'est certainement un mal pour l'Europe en général : 1) la Russie inspirait au gouvernement chinois une terreur salutaire, dont il ne reste plus trace. — 2) La chute de son prestige n'a pas été sans entamer celui de tous les européens, tandis qu'au contraire celui des Japonais arrivait à son apogée; instructeurs et maîtres d'école japonais foisonnaient en Chine, dès 1904 et, sur des conseils japonais, dès 1906, l'Empereur convoquait un parlement et réformait son armée. Pour qui connaît les idées japonaises sur « l'Asie aux Asiatiques » et « le Japon, centre de la terre, destiné providentiellement » à unifier le monde, » la mise entre ses mains d'un instrument d'une aussi terrible force potentielle que la Chine, fait rêver.

Mais il reste à démontrer que c'est un mal pour la Russie : l'extension énorme de son empire colonial était dangereuse parce qu'elle était artificielle : elle ne reposait ni sur un excédent de population, ni sur l'expansion naturelle du commerce.

Ses bases étaient exclusivement politiques.

Aussi, loin de rapporter quoi que ce soit, elle coûtait terriblement, alors que l'agriculture, dans la Russie même, restait enlizée dans des procédés de culture d'un autre âge, faute de capitaux pour supprimer les annuités de rachat des paysans, liquider les « mirs » en faisant un nouvel allotissement individuel, et créer des écoles rurales; alors que l'industrie russe, plusieurs années déjà avant la guerre, était pour ainsi dire mort-née, tuée par les effroyables impôts et participations de l'État dans les sociétés, et par les crédits à long terme nécessités toujours par le même mal, le manque de capitaux!

On payait cher, il est vrai, la suppression de ce gouffre d'argent et, plusieurs années durant, on le payerait aussi cher que s'il existait encore. Mais il y avait de l'espoir pour l'avenir....

De même, la guerre avait eu ce bon résultat d'ouvrir les yeux du Tzar sur le danger d'être seul responsable des destinées de son immense empire, et sur la nécessité d'une réforme profonde de l'administration et de l'armée. Malheureusement, les maux de la guerre ont substitué depuis, aux questions politiques, des questions sociales, et le défaut d'instruction des masses leur a fait suivre de vains agitateurs. Mais il ne faut pas perdre l'espoir, lointain peut-être, de voir se réaliser, dans le calme, les réformes qui doivent faire la Russie plus grande et plus forte qu'elle ne fut jamais.

Coût de la guerre.

Le Japon avait dépensé en armements :

Augmentation d'impôts :		292.500.000	
Emprunts intérieurs.	13 févr. 1904	255.000.000	
	2 mai 1904	255.000.000	
	12 oct. 1904	204.000.000	
	20 avril 1905	255.000.000	
Emprunts extérieurs.	9 mai 1904	250.000.000	6 % émis à 93 1/2.
	10 nov. 1904	300.000.000	6 % émis à 90 1/2 (en moyenne).
	26 mars 1905	750.000.000	4 1/2 % émis à 90.
		2.561.500.000.	

La Russie avait dépensé :

Augmentation d'impôts :			
Emprunts intérieurs.	20 mars 05	530.000.000	5 % émis à 96 1/2.
	17 août 05	127.200.000	5 % »
Emprunts extérieurs.	Bons du Trésor 1904	800.000.000	5 % émis à 99.
	Émission allemande déc. 1904	625.000.000	4 1/2 % émis à 95.

Sur un effectif d'un million d'hommes environ, mis en ligne de part et d'autre, les adversaires avaient perdu.

JAPON.

	en bataille.		*de maladie.*
morts	43.219	morts	16.000
blessés	170.129	guéris	205.136
disparus	5.081		
	218.429.		221.136.

Ensemble : 439.565.

RUSSIE.

	en bataille.		*de maladie.*
morts } blessés }	184.000 (environ).	morts	41.000
		guéris	184.000
prisonniers	72.500		
	256.500.		225.000.

Ensemble : 481.500.

TABLE DES MATIÈRES

TOME III

Aperçu général sur cette période

XIV. — L'HIVER EN MANDCHOURIE

I. — Les armées en quartiers d'hiver

XV. — EFFORTS DES RUSSES APRÈS LA CHUTE DE PORT-ARTHUR

Raid sur Inkeou

Bataille de Sandepou

XVII. — MOUKDEN

I. — Position, force et projet des deux adversaires

II. — Premières attaques japonaises et conséquences

III. — L'offensive continue a l'Est, marche de Nogi

IV. — Nogi entre en ligne a l'Ouest

V. — Batailles de l'Ouest, Salinpou, Makiapou, Tatchekiao (2 au 7 mars)

VI. — La lutte au Centre et a l'Est (2 au 7 mars)

VII. — La retraite.

VIII. — PERTES ET CONSÉQUENCES.

XVIII. — TSOUSHIMA

XIX. — FIN DE LA GUERRE SUR TERRE

XX. — LA PAIX

FIN.

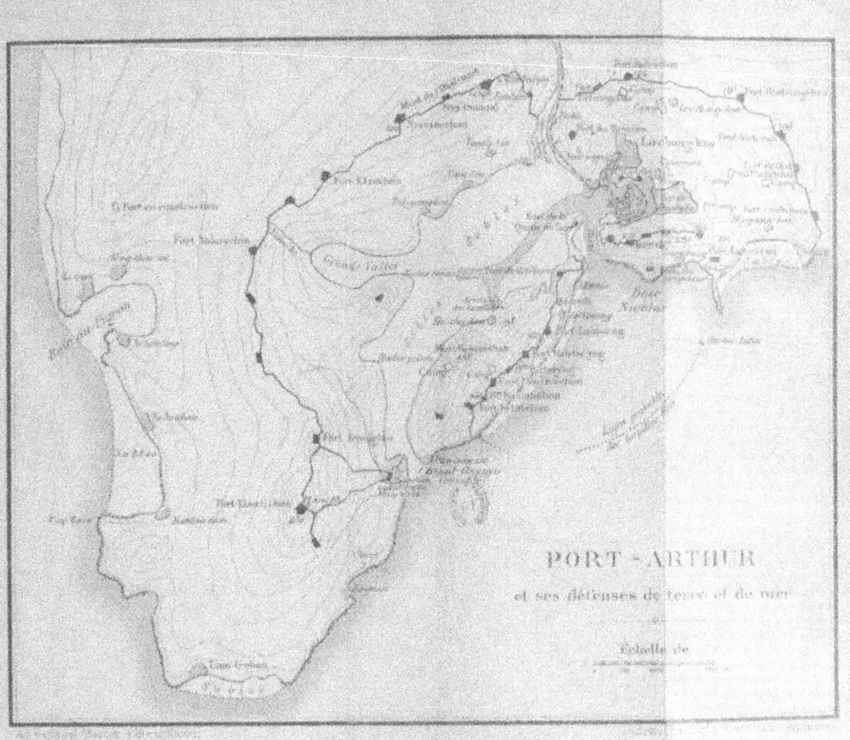
PORT - ARTHUR
et ses défenses de terre et de mer
Échelle de
Grande Vallée
Baie Neulan

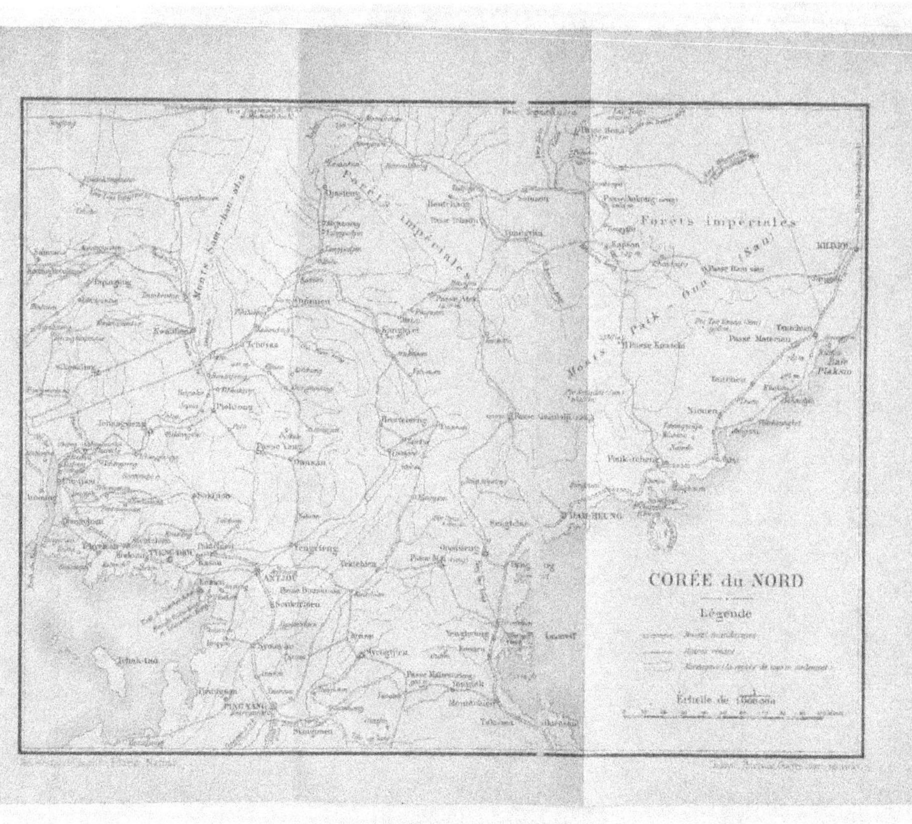

Forêts impériales
CORÉE du NORD
Légende

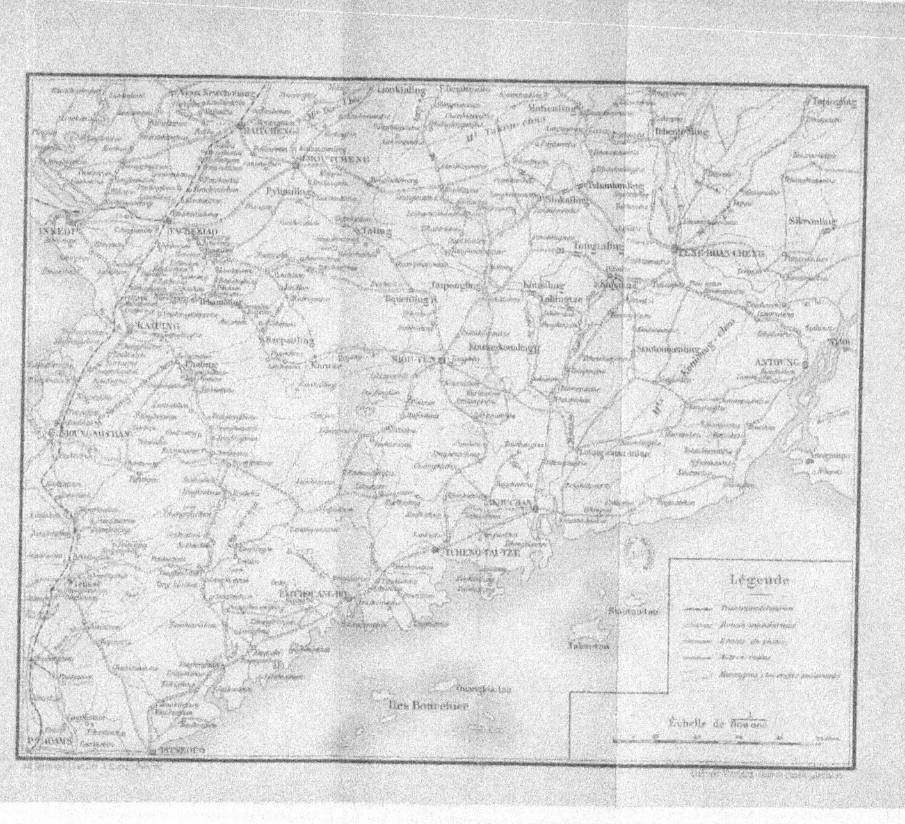

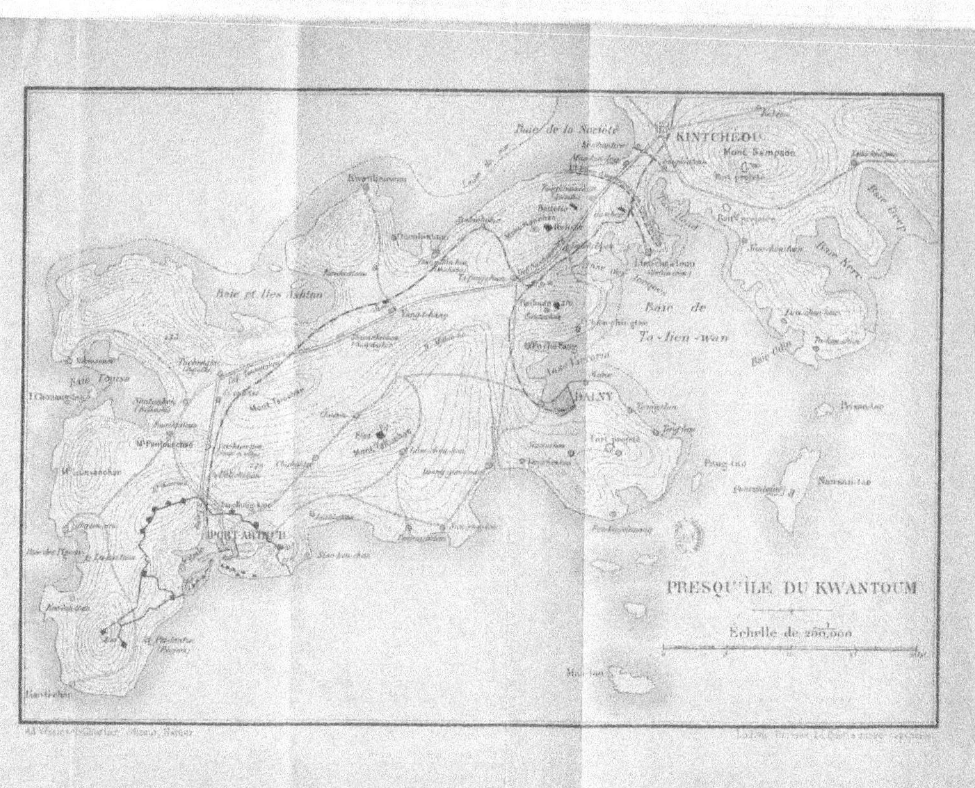
KINTCHEOU
Baie de la Société
Mont Sampson
Baie et Iles Ashton
Baie de Ta-lien-wan
DALNY
PORT-ARTHUR
Baie Louisa
PRESQU'ILE DU KWANTOUM
Échelle de 1/250,000

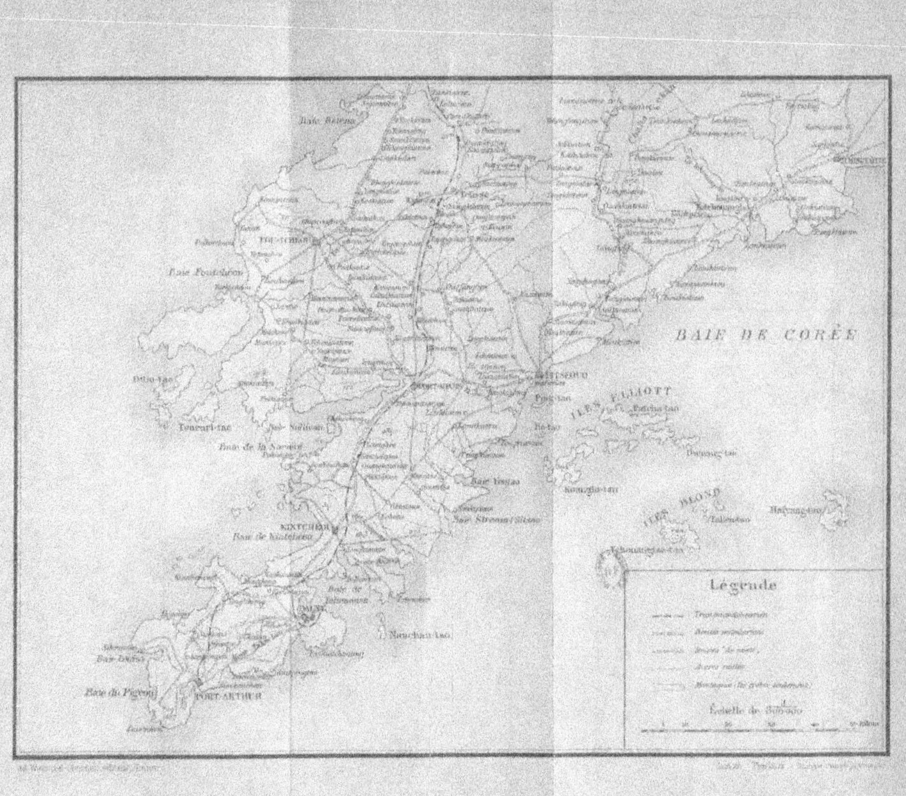
BAIE DE CORÉE
ILES ELLIOTT
ILES BLOND
Baie de Pigeon
PORT-ARTHUR
DALNY
KINTCHEOU
Baie de la Sarcelle
Baie Foutchéou
Légende
Échelle de

N° 6

LIAO-YANG ET MOUKDEN

Échelle de $\frac{1}{835.000}$

0 5 10 15 20 25 kilom

MOUKDEN

LIAO-YANG

HAITCHENG

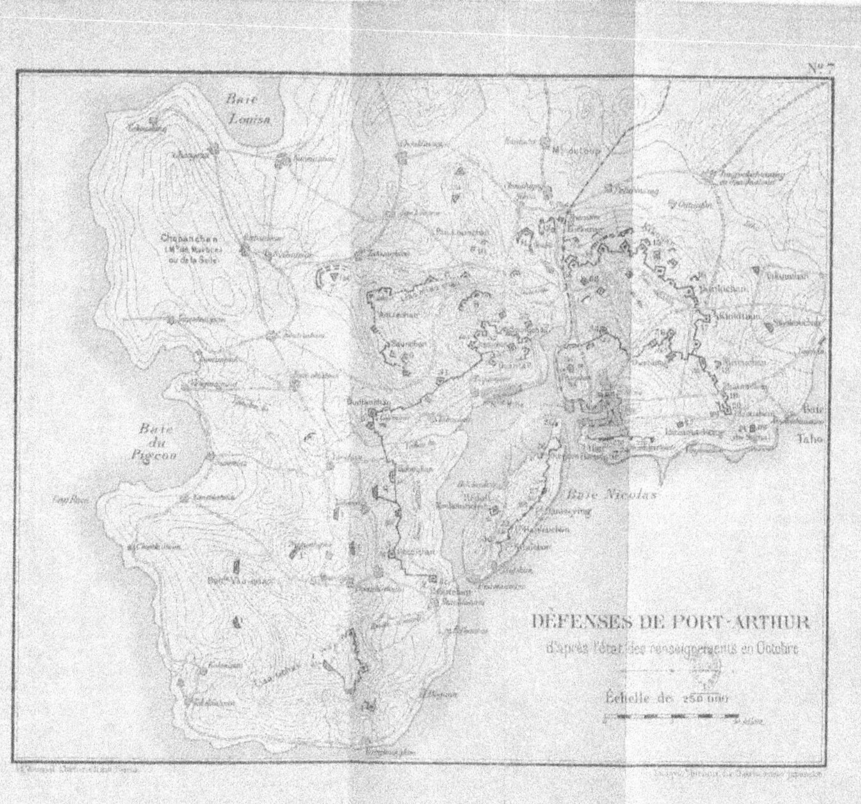
N° 7
Baie Louisa
Chepanchan (Mt du Marbre) ou de la Scie
Baie du Pigeon
Baie Nicolas
Baie Taho
DÉFENSES DE PORT-ARTHUR
d'après l'état des renseignements en Octobre
Échelle de 1/250.000

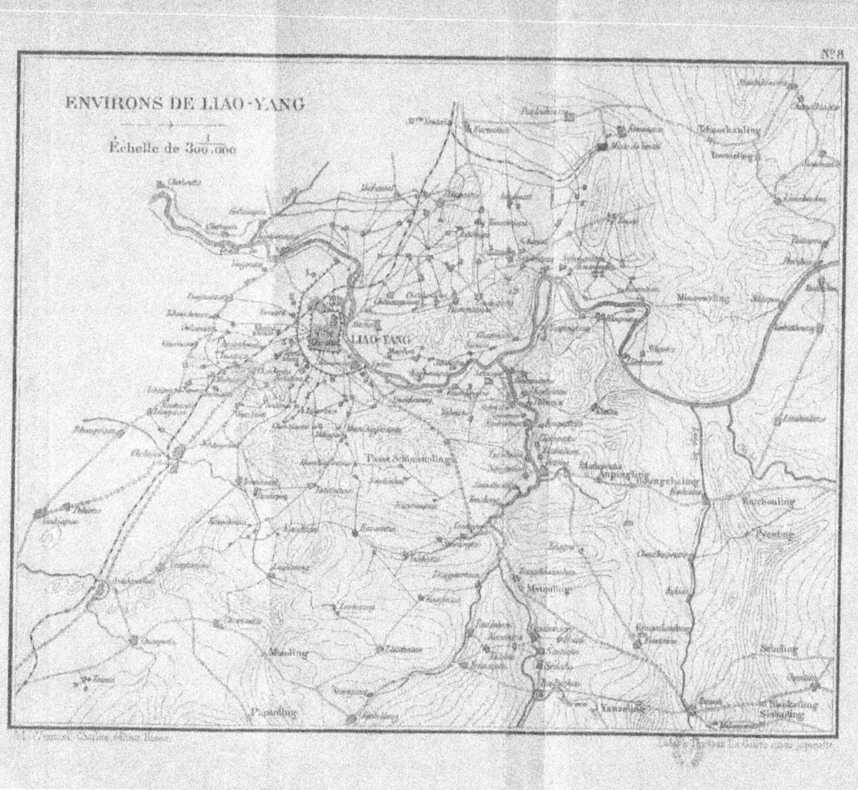
N° 8
ENVIRONS DE LIAO-YANG
Échelle de 1/300.000
LIAO-YANG
Col Tchaochaling
Col Anpingling
Toudchaling
Mutoulling
Yanzeling

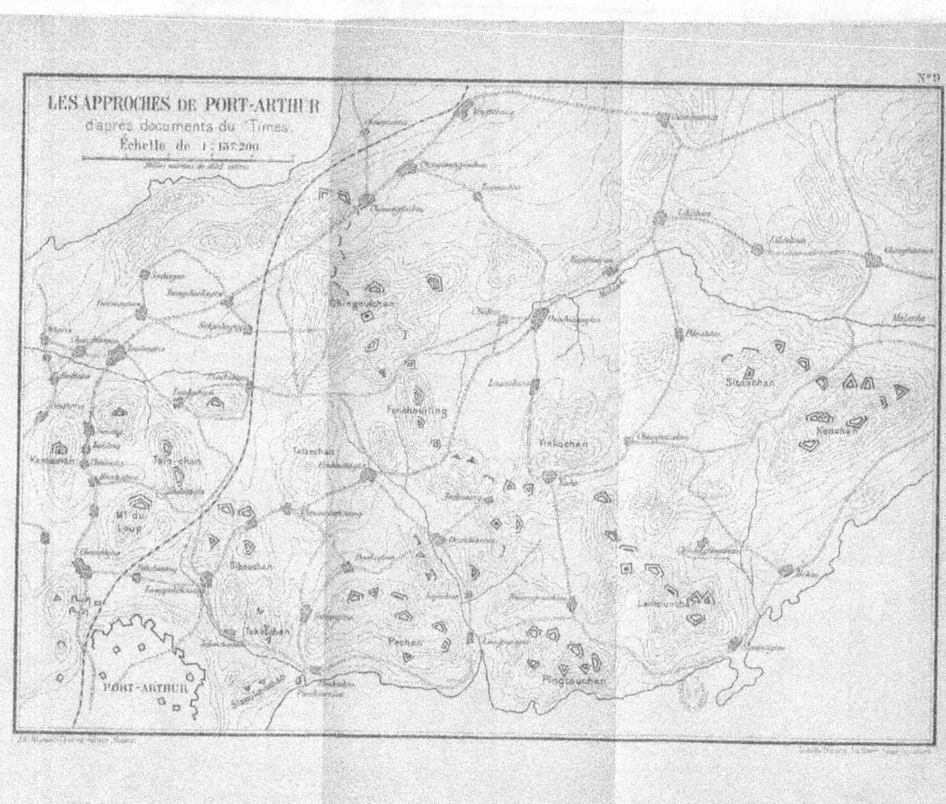
N° 9
LES APPROCHES DE PORT-ARTHUR
d'après documents du "Times"
Échelle de 1 : 137.200
Chingeutchan
Feichoutling
Taitechan
Kaotchan
Taï-chan
Mt du Loup
Sikouchan
Takouchan
PORT-ARTHUR
Pechan
Pingtouchan
Laotouchan
Takochan
Sitouchan
Kouchan

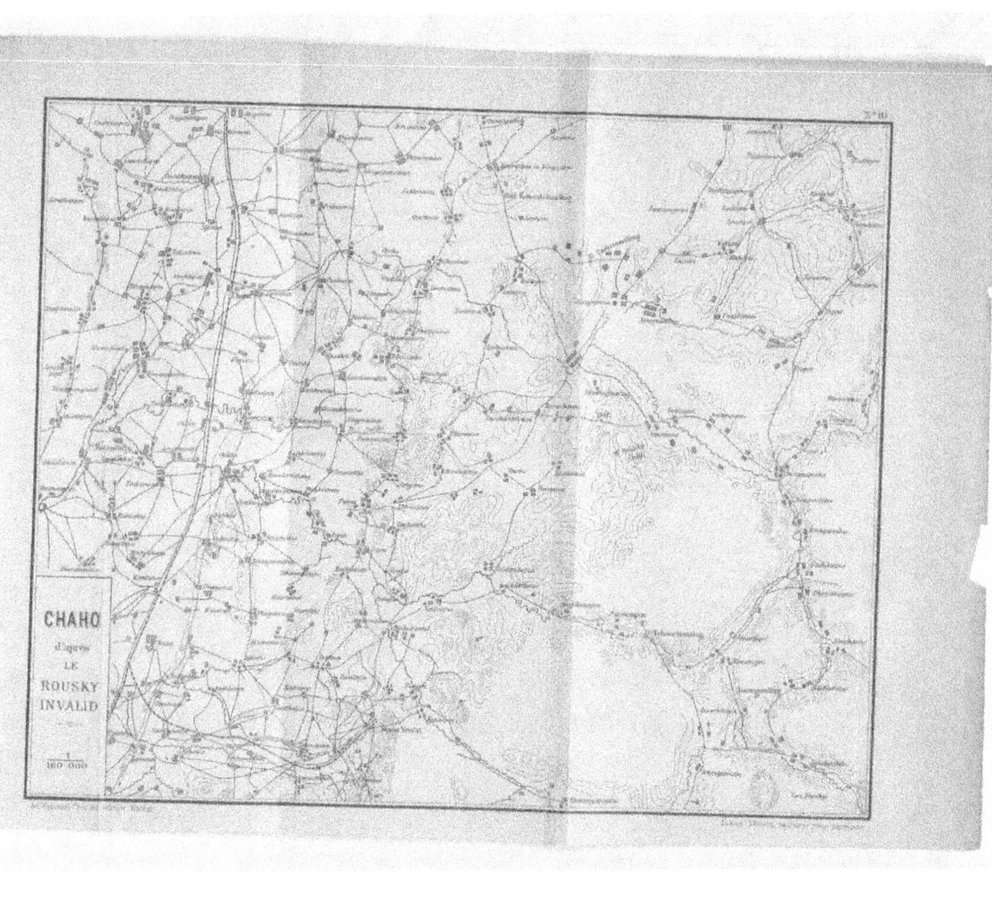
CHAHO
d'après
LE
ROUSKY
INVALID
1/160 000

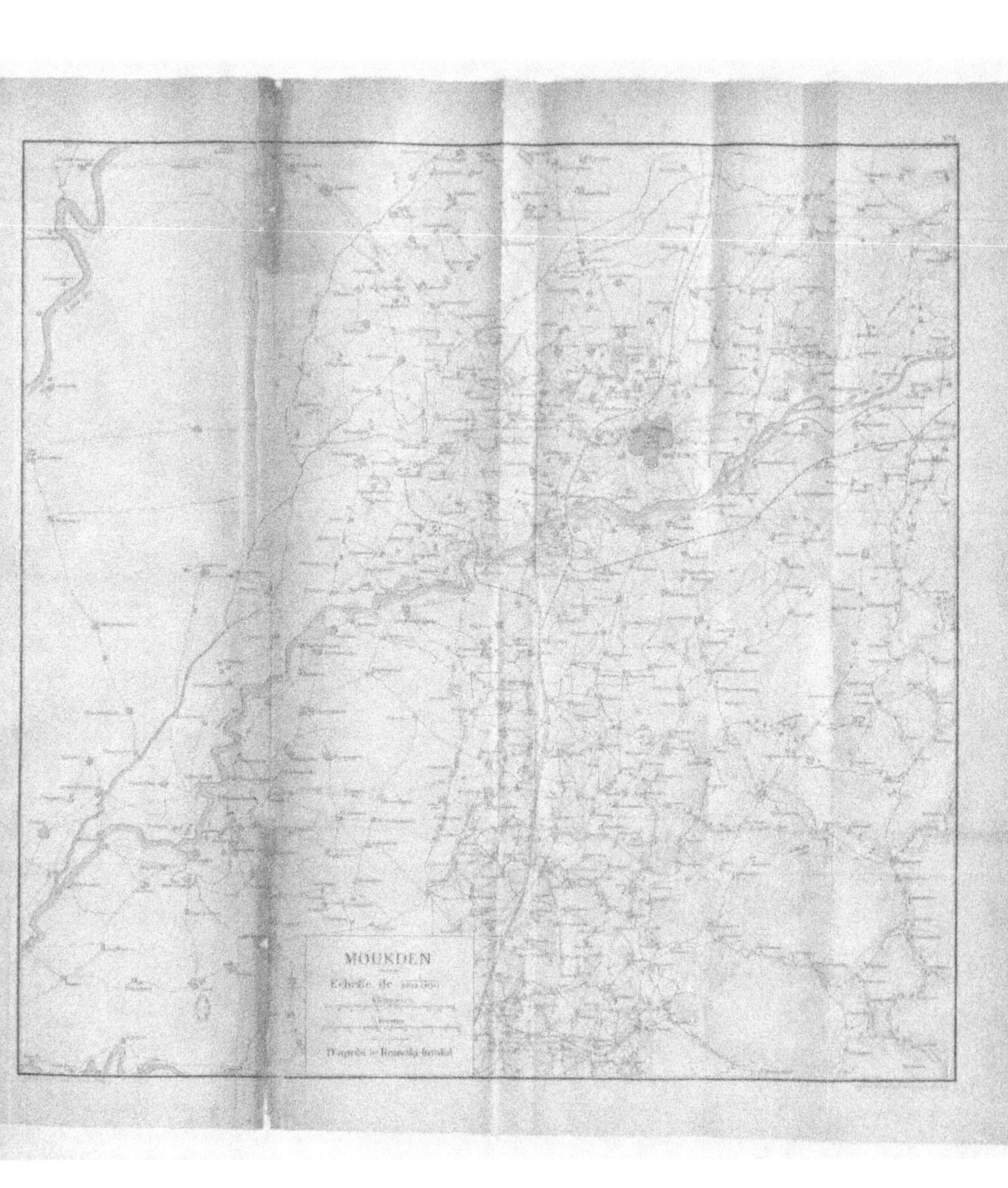
MOUKDEN

N°12

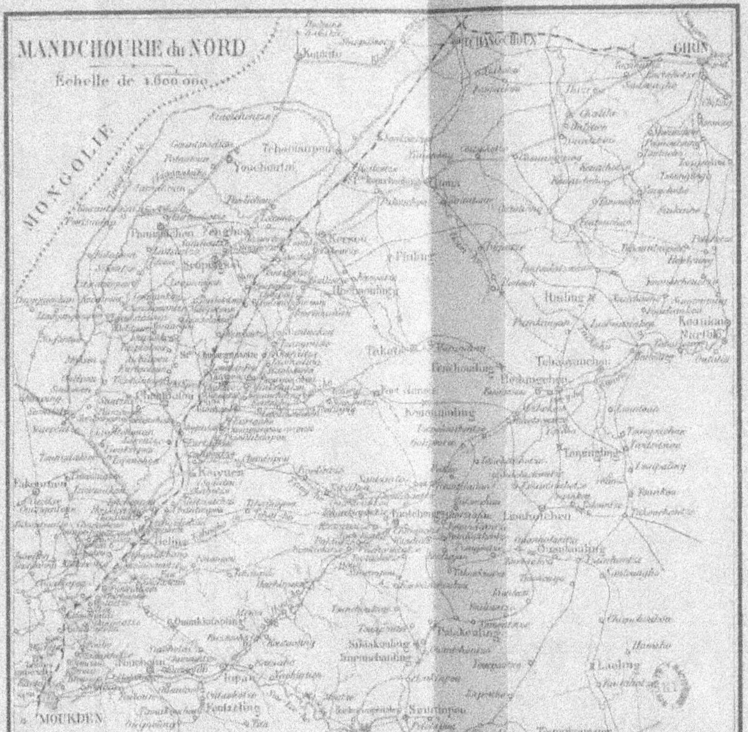

MANDCHOURIE du NORD

Échelle de 1.600.000

MONGOLIE

GIRIN

MOUKDEN

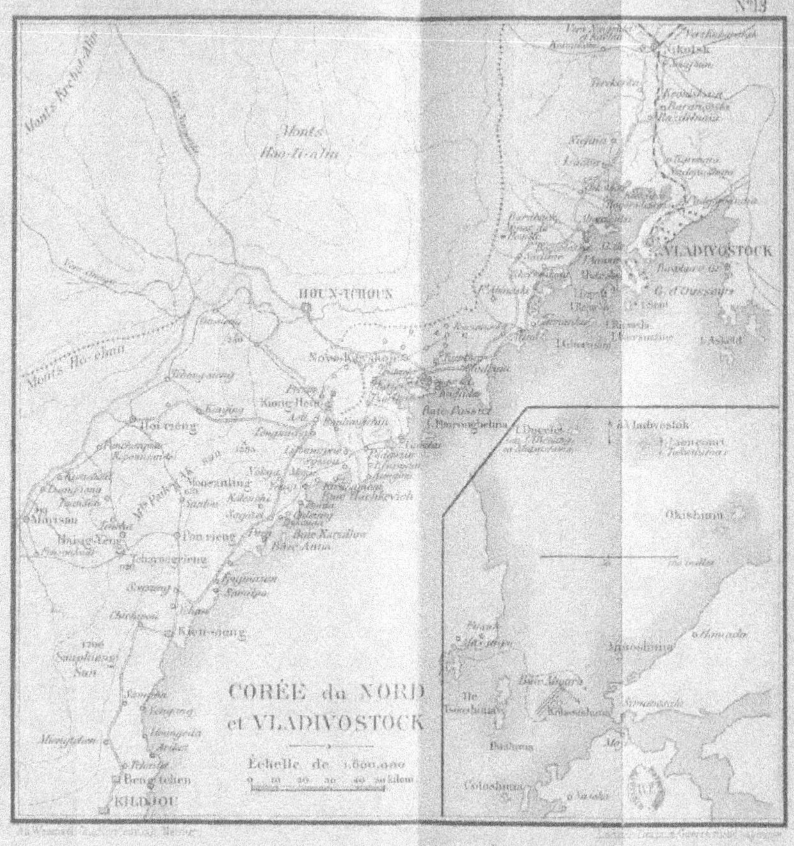
N° 13
CORÉE du NORD
et VLADIVOSTOCK
Échelle de 1.800.000
VLADIVOSTOCK
HOUN-TCHOUN
Monts Hou-li-alin
Monts Ho-chan
Monts Krebet-Alin
Novokiewskoïé
Kieu-song
Kildjou
Beng-tchen
Hoï rieng
Okishima
Baie Possiet
Baie Hachkevich
Baie Anna
Baie Kornilow
Mangaptuung
I. Askold
G. d'Oussouri

LA GUERRE
RUSSO-JAPONAISE

Résumé historique et chronologique des Événements

PAR

L. THIRIAUX

—

TOME II

Du 4 Juillet au 30 Novembre 1904

—

NAMUR
Librairie de Ad. Wesmael-Charlier, Éditeur
RUE DE FER, 53
—
1904

LA GUERRE RUSSO-JAPONAISE

Résumé historique et chronologique des Événements

PAR

L. THIRIAUX

—

TOME III

De novembre 1904 à la fin de la guerre

—

NAMUR
Librairie de Ad. Wesmael-Charlier, Éditeur
RUE DE FER, 53

—

1907

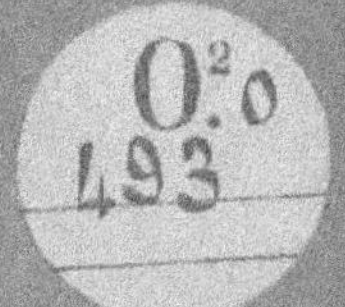

www.ingramcontent.com/pod-product-compliance
Lightning Source LLC
LaVergne TN
LVHW011951220826
846092LV00001B/150

* 9 7 8 2 3 2 9 2 3 1 6 4 8 *